# 教育管理理念与教学艺术研究

钟琴　著

北方文艺出版社
哈尔滨

图书在版编目(CIP)数据

教育管理理念与教学艺术研究 / 钟琴著. -- 哈尔滨:
北方文艺出版社, 2022.3
ISBN 978-7-5317-5458-9

Ⅰ. ①教… Ⅱ. ①钟… Ⅲ. ①教育管理－研究②教学
艺术－研究 Ⅳ. ①G40-058②G42

中国版本图书馆CIP数据核字(2022)第025596号

教育管理理念与教学艺术研究

JIAOYU GUANLI LINIAN YU JIAOXUE YISHU YANJIU

作　者 / 钟　琴

责任编辑 / 张　璐　　封面设计 / 左图右书

出版发行 / 北方文艺出版社　　邮　编 / 150008
发行电话 / (0451)86825533　　经　销 / 新华书店
地　址 / 哈尔滨市南岗区宣庆小区1号楼　　网　址 / www.bfwy.com
印　刷 / 湖北诚齐印刷股份有限公司　　开　本 / 787mm×1092mm　1/16
字　数 / 181千　　印　张 / 13
版　次 / 2022年3月第1版　　印　次 / 2022年3月第1次印刷
书　号 / ISBN 978-7-5317-5458-9　　定　价 / 48.00元

# 前　言 / PREFACE /

教育应该以人的“生命”发展为价值。“生命”无处不在，万事万物皆有生命，也都有着各自的律动轨迹。尊重生命本来的样子，是每个教育者都应该时刻遵守的教育规律。生命是如何生长的？怎样的生命律动是和谐的？这是每个教育者都应该思考的问题。教育，即走进生命的行为。走进自己的生命，才能对自己有深刻的了解，才会对人性有深入的思考；走进他人的生命，才能对他人有真正的尊重，才会对育人形成系统的思维。只有与生命建立联系，发生了和谐的律动，才能真正实现“以人为本”的教育发展核心。

教育是人类的共同财富。《中共中央关于制定国民经济和社会发展第十四个五年规划和二〇三五年远景目标的建议》提出：“高举中国特色社会主义伟大旗帜，深入贯彻党的十九大和十九届二中、三中、四中、五中全会精神，坚持以马克思列宁主义、毛泽东思想、邓小平理论、“三个代表”重要思想、科学发展观、习近平新时代中国特色社会主义思想为指导，全面贯彻党的基本理论、基本路线、基本方略，统筹推进经济建设、政治建设、文化建设、社会建设、生态文明建设的总体布局，协调推进全面建设社会主义现代化国家、全面深化改革、全面依法治国、全面从严治党的战略布局，坚定不移贯彻创新、协调、绿色、开放、共享的新发展理念，坚持稳中求进工作总基调，以推动高质量发展为主题，以深化供给侧结构性改革为主线，以改革创新为根本动力，以满足人民日益增长的美好生活需要为根本目的，统筹发展和安全，加快建设现代化经济体系，加快构建以国内大循环为主体、国内国际双循环相互促进的新发展格局，推进国家治理体系和治理能力现代化，实现经济行稳致远、社会安定和谐，为全面建设社会主义现代化国家开好局、起好步。”如果说，共同富裕是20世纪末中国经济发展的主题，那么21世纪初中国教育的主题则是共同发展。

教学是一门科学，也是一门艺术。教学艺术属于教学实践活动的范畴，是一种高度综合的艺术。教学艺术具有形象性，运用生动、鲜明、具体的形象来达到教学目的。教学艺术具有情感性，师生双方的教学活动是情感交流、心灵碰撞的过程。教学艺术具有审美性，教学设计美、教态美、教学语言美、教学过程美、教学意境美、教学机制美、教学风格美、教师人格美等既是以提高教学质量为最终目的，又使教学具有了审美价值。关注一线教育中的点滴智慧，着重反映教育教学工作者在改革过程中总结的新理论、新观点、新体会和新经验，探索现代教育与新课程改革中的新思路、新特点，同时为教育教学工作者提供“思想争鸣、学术交流、经验分享”的平台。

现代教育理念迫使人们以新的眼光重新审视和认识教育现象。现代教育理念对传统、封闭、僵化的教育理念进行了全面的批判，给我国教师的教育理念带来了新的曙光。

# 目 录 / CONTENTS /

# 第一章 概 论

## 第一节 教育概述

“教育”是在日常生活中谁都熟悉,但又谁都说不清楚的一个概念。不管是高级行政长官还是普通职员,不管是学富五车的知识分子还是目不识丁的文盲,不管是原始社会的祖先还是文明开化的现代人,不管是老人还是小孩……都可以进行某种意义的教育。当一个老太太说“孩子,你不能这样做,应该尊敬长辈”的时候,她已经在进行某种层面上的教育。哪怕是腹中的胎儿也在进行教育,当母亲做一些他不喜欢的动作或吃一些他不喜欢的东西时,就会用尚未发育健全的四肢向母体提出抗议。走在大街上,我们也会受到各种因素的影响,从而接受着某种教育。显然,教育是一个极为宽泛的概念,我们有必要首先对它进行讨论,以明确我们讨论的“教育”到底是什么意义上的概念。

### 一、教育概念

中西方对“教育”的理解有所不同。在中国,教育是上一代对下一代的传输,其立论的基础为学生或儿童是一张白纸,什么也不懂,什么也不知,教师可以在他们身上画最新最美的图画。教育是一种积极的活动或者外塑的行为,如塑造、陶冶、训练、宣传、传输、说教、规劝、训示、改造、教化、感化等,通常可以一概称之为“教育”。在西方,则强调人生来就是有知有觉的,教师的责任就如助产士,其功能是将孕妇肚中的婴儿顺利地接生并将蕴藏在儿童身上的潜能加以开发而已。教育被视为一种展开的、内发的、自然的消极活动。正因为对教育本身含义理解的不同,因而导致教学内容的选择、教学活动的组织、教学效果的评价等的不同。①

## 二、教育结构

教育结构的分析可以从要素结构和系统结构两个角度进行。前者是从微观角度进行分析，后者则是从宏观角度展开讨论。要素结构是一种构成分析，系统结构则是一种形态分析。因而有些学者又将要素结构称为教育的构成，而将系统结构称为教育的形态。

### （一）要素结构

教育的要素：教育者、受教育者、教育内容、教育场所。其结构如图1-1。

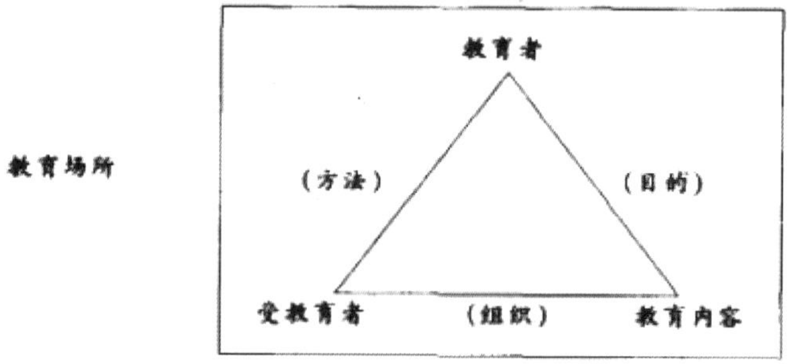


图1-1　教育的基本要素

1.教育者

一般而言，凡是在教育活动中有意识地向他人施加影响（包括直接影响和间接影响）的人都是教育者。因而教育者具有极为宽泛的内涵，并不仅仅限于学校之中。家长、校外各级教育机构的工作人员、各级教育管理人员、专职与兼职的教师等都属于教育者。在现实的学校教育中，一般把教育者限定为教师，包括专职的和兼职的教师。一般情况下他们处于领导、控制、执教的地位。

教育者在教育活动中可能发挥的作用至少有如下几个方面：①作为信息的指导者，相当于信息传播中的“信息把关者”。这种作用称为“指导”。②作为受教育者接受信息的促成者，具有“辅助”作用。③由于受教育者是有能动性的人，特别是有待成熟的人，更由于复杂的教育过程

①高书国．教育强国——中国教育发展战略选择[M]．广州：广东高等教育出版社，2018.

中有众多的受教育者，遂产生了“管理”受教育者的职能活动。

2.受教育者

在非正规场合，几乎所有的人都有可能受到他人的教育而成为受教育者，只要他缺少某些需要向别人学习的知识。可以说凡是在教育活动中承担学习责任和接受教育的人都可称为受教育者。在学校教育中一般将受教育者限定为获得一定入学资格的相对固定的教育对象——学生。

3.教育内容

教育内容是教育活动中教育者与受教育者共同认识、掌握、运用的对象，是教育活动中的纯客体，是教育活动中不可或缺的要素。没有教育内容，教育活动就失去了意义，同时也失去了依托。教育内容一般包括各种各样的知识、经验、技能与技巧，包括智力开发、品德发展、体力增强、心理健康、价值形成等；其表现形式可以是物质的、符号的、精神的及行为的。

4.教育场所

教育活动发生的地方称为教育场所。如果要进行教育活动就自然会有特定的场所，如原始社会的教育活动发生在生产活动中，后来逐渐地发生在私塾中，到宋代时书院成为一个重要的教育场所。20世纪初在我国出现了学校这一教育机构，因而学校就成了开展教育活动的专门场所。当然教育场所并不一定限于学校，暂且不论家庭教育，社区教育等，其场所自然不会在学校，就是学校教育本身也不一定必须在教室进行，而可以在操场、实验室，当然也可以在社区中的某个具有教育意义的地方，如博物馆、电影院、名人故居、工厂、农场等。

**(二)系统结构(教育形态)**

教育活动可以分为两大类：学校教育与非学校教育。学校之外的一切形式的教育活动都可以称之为非学校教育，校外教育一般有家庭教育、校外教育机构进行的教育、社会团体进行的教育及大众传媒进行的教育四大类；学校教育系统自上而下可以分成四个层次，各个层次都有自身的任务、承担者和活动形式。第一层次由国家或地方一级的领导机关、教育行政部门及其工作人员承担；第二层次由学校领导机构及其成员承担；第三层次由教师承担；第四层次由教师和学生共同承担。对第一层次的研究是宏观研究，对第二层次的研究是中观研究，对第三、四层次的研究是微观研究。这个结构的起点是社会对教育的需求，终点是受教育者个体的发展，从起点到终点是逐级细化的。

## 三、教育本质属性

不同的人对教育的本质有不同的看法，英国教育家约翰·怀特曾有过很好的总结："一些人认为教育应当从其自身出发提高学生的理解力（或者知识、推理能力以及智力）；另一些人则认为，教育应当帮助每一个学生充分发挥自己的潜力。有些人把'个性'和'自治'看作头等重要的东西；有些人相信全面发展，相信理论知识和实践成就之间、艺术和科学之间能达成某种平衡；另外一些人则更重视在一些专门领域中取得杰出成绩；还有一些人提倡社会的需求，倡导确保为社会提供一支人数众多的、有文化的劳动大军以及确保有知识分子参与的民主制度。一些人强调艺术与文化，另一些人强调人的道德品质。"在历史上曾经出现过各种各样的教育本质观，这里择要介绍六种观点。

### （一）工具论

教育就其起源看是人类出于经验传递和人际间相互协调的需要，也就是说是出于人类自身生存的需要。换言之，教育从其产生起就是作为人类生存的一项工具而存在的。后来，教育的工具性越来越强，不仅是生产斗争的工具，而且也是阶级斗争的工具，文化承传的工具等。

### （二）本体论

教育是一种关于人的事业，教育的对象是人，就其本质上说教育是一种培养人的活动。本体论认为教育的本质在于焕发人的天性，培养人的智慧，完善人的个性，使之成为完人。这种思想最初可追溯到亚里士多德，在他那里已经有了本体主义教育观的萌芽。文艺复兴时期的人文主义思想家、资产阶级启蒙思想家继承发扬了这种思想，并形成了相对完整的思想体系。

### （三）平等论

美国独立宣言开宗明义指出"人生而平等"，但现实的人类社会中又确确实实有那么多的不平等，于是许多人就开始寻找实现社会平等的有效途径。把教育看成是走向社会平等的一个比较现实的途径，通过一定的教育必将导致人们取得经济或社会地位的平等,这就是平等论。

### (四)成层论

成层论认为教育不能实现社会平等,但为不同社会背景的人提供了一架梯子,维护了国有的社会阶层并使之适度合法化。主要代表有三种理论派别:鲍尔斯和金蒂斯的经济再生产理论、柯林斯的文化市场论以及天野郁夫的社会资源分配说。

### (五)社会化说

“社会化是使人们获得个性并学习所在社会的生活方式的相互作用的过程。”“社会化使个人得以了解规范、价值标准、语言、技能、信仰,以及其他在社会生活中不可缺少的进行思考和行动的模式。社会化使社会能够在社会的和生物学的意义上进行繁殖,从而确保它世世代代延续下去。”通俗地说,“社会化是指个人接受文化规范,以成为一定社会的成员的过程。任何社会都有不同的社会行为模式,个人必须学习其所处社会的行为模式,由一个自然的人转化为社会的人。”教育的本质就是个体社会化的过程。

### (六)个性化说

“个性化说”主张教育要尊重学生个体的差异性、独特性、自主性和创造性,依据学生的志趣、才能、资质、特长和爱好,加以引导,促使个体和谐完美发展。就是说个体不是以领会和接受社会文化为唯一目的,不是单纯地适应社会,而是通过培养个性健全、人格独立、富有创造性与开拓性的人才来满足社会需要,以在继承基础上的发展与创新为目的。

## 四、教育功能分析

### (一)教育功能概念界定

“教育功能”为教育本身所特有的对个人或社会所产生的功用或价值。一般这种功能可分为三个层次:期望层次、潜在层次和现实层次。期望层次上的教育功能存在于人的意识或愿望之中,特别是教育家或思想家的作品中;潜在的教育功能存在于教育的实际结构之中;现实的教育功能存在于教育的实践之中。这三者可能是一致的,也可能是不一致的,甚至是冲突的。

### (二)教育的固有功能

1.教育的育人功能

所谓教育的育人功能是指教育能促进儿童身心发展、完成从自然人到社会人过渡的功能。一般而言,制约人的身心发展的因素有:遗传、环境与教育三个因素。其中遗传是人的发展的生物学前提,环境对人的发展具有决定性影响,教育则在人的发展中起主导作用。教育在人的发展中有两大作用:一是使个人的身心朝全面和谐方向发展;二是促进个人身心的高效率发展。

2.教育的政治功能

教育的政治功能是指教育具有维系国家和社会政治稳定、促进社会政治发展的功能。教育的政治功能具体表现为直接功能与间接功能两个方面。

第一,直接功能。教育作为一种社会力量介入社会政治活动,直接对社会政治产生影响。这种功能的实现途径有两个:一是通过学校教育制造政治舆论,宣传一定的政治观点、政治理论或政治路线与方针,为某种政治活动做准备。二是组织学生直接参加社会政治活动,把学生作为现实的政治力量使用。

第二,间接功能。间接功能的发挥有两种表现形式:一是教育为国家培养专门的政治人才,培养学生的社会政治意识。一般地,教育为社会提供"政治人才"和"合格公民"是教育的政治功能的经常性表现;二是通过国家制定的教育制度对学生进行选择与分配,使原有的社会政治关系得以延续。这种延续在古代社会中是靠血缘与特权来实现的,近代社会中则以金钱为基础,通过不同等级和类型的学校来选择与分配未来公民在社会与阶层中的位置。现代社会中,这种机制被广泛地应用着。

3.教育的经济功能

教育的经济功能具体表现为三个方面。

第一,完成劳动力的社会"再生产"功能,劳动力是指具有一定的科学知识与劳动技能的人,而这种知识与技能需要通过教育才能完成。一般地说,教育要完成劳动力的再生产需要做到下述三点:一是为社会提供一支研究与设计队伍;二是为社会提供一支能掌握与运用先进生产工具和生产方式的技术队伍;三是向社会提供一支与现代工业化水平相适应的生产和技术管理人才。

第二,知识"再生产"功能,科学技术是第一生产力,但当科学技术还处于知识状态时,还没有物化为生产工具、还没有为劳动者所掌握时,只能是一种"潜在的生产力"。要使科学技术为劳动者所掌握,并转化为直接的、现实的生产力,必须凭借教育的传递。

第三,更新知识与社会生产技术的功能,在古代社会生产技术的更新主要依靠劳动者在生产劳动中的经验与创造;近代社会,科研对生产技术的更新起着关键性的作用,但学校直接介入科研的情况并不多;现代社会中,尤其是20世纪50年代后,教育与科研、生产的关系日益密切,教育成为科技更新的重要因素。

4.教育的文化功能

教育的文化功能主要表现为传递和保存文化、普及文化、创造更新文化三个方面。

第一,传递和保存文化(延续文化的功能)。教育一开始就是人类文化传递与保存的重要途径。它经过对人类已有的文化进行选择,按一定的方式进行整理和编排,并通过教师们加以传授,使年轻一代有效地接受。尽管现在对文化的传递与保存方式多种多样,但学校教育仍然承担着传递文化的主渠道的任务。

第二,普及文化。普及文化的功能是现代社会与以往社会不同的一个功能。可以从三个方面来理解:一是学校承担了对适龄青少年基础文化的普及任务,使人人都具备继续学习的能力;二是学校还有责任为全社会、全民族文化水平的提高做出贡献;三是学校是推广新文化、新技术的重要场所。

第三,创造更新文化,主要表现在学校为社会文化的发展提供大量的、具有创造力的人才。此外,教育过程本身具有更新、创造文化的功能。

## 第二节 教育管理理念概述

教育管理是一种理念、一种精神，是一个学校发展的灵魂，是凝聚人心、展示学校形象、提高学校文明程度的重要体现。它主要包括物质文化、制度文化和精神文化三个层次，它们逐层递进，相辅相成。教育管理在学校教育中起着潜移默化、润物无声的教育作用，是学校教育不可缺少的重要途径和载体。因而，我们要想提升学校品味，达到良好的育人效果，首先应重视教育管理的建设。

### 一、教育管理的内涵

教育管理就是管理者通过组织协调教育队伍，充分发挥教育人力、财力、物力等信息的作用，利用教育内部各种有利条件，高效率地实现教育管理目标的活动过程，是国家对教育系统进行组织、协调、控制的一系列活动。

教育管理分为教育行政管理和学校管理，是以学生为主体，以课外文化活动为主要内容，以校园为主要空间，以校园精神为主要特征的一种群体文化。它是以社会主导文化为基础，又以本校的价值观为核心，蕴含着学校传统、领导作风、教师教风、学生学风、人员素养、校园环境等丰富的内涵。

### 二、教育管理的层次

#### （一）教育管理的制度层次

教育管理不仅体现在学校的“物”上，而且更多的是体现在制度上。办学质量高的学校都比较强调管理的规范化、科学化、制度化，学校应该有严密的规章制度，它在很大程度上保证了学校的相对稳定和可持续发展。但现实生活中很多人认为制度就意味着束缚，是对自己手脚的捆绑。这无疑是一种错误的认识。事实上没有对他人的限制就没有自我的宽松，当然没有对自我的限制也就没有群体的和谐。完善的制度是教育质量的保证，是各方利益的平衡，是学校健康人际关系的基础。

当然一所好学校，不是仅看有无制度，还要看制度中体现着的办学思想和理念,看是否体现以人为本的管理思想,是否体现管理者对被管理者的尊重、关心和激励,是否有利于促进教师的专业发展,是否有利于促进教师追求崇高的师德。当然制度仅是文本,教育管理在制度上的体现,更要看教师执行制度的自觉性。当一所学校的教师自觉地用纪律约束自己,将执行制度变成自觉的行为,变他律为自律,学校教学秩序就会井然有序、有条不紊,学校也走上了可持续发展的轨道。因此,考核学校的办学质量,不仅需要关注是否有完善的制度,而且还要关注是否把办学理念和办学思想体现在制度中,更要关注教师执行制度的自觉性。

### (二)教育管理的理念层次

在学校精神的引领下,当教师用正确的世界观、人生观、价值观引导自己,工作热情和积极性才能得到充分的发挥,潜能得到充分的挖掘。同时从管理的角度看,没有规范的管理是随意的,基于规范的管理是稳定的,超越规范的管理才有可能是“自由”的,超越规范不是没有规范,而是在充分认同规范的基础上,将规范融化在自己的血液里,自觉贯彻在日常行为中,并以更高的道德与精神追求来要求自己。理念层次的管理是超越规范管理的管理,它依靠的是道德和精神的追求。所以,在充分尊重、提升个体需要的基础上,用学校的目标去凝聚全体教职员工,是学校取得成功的关键。有了精神追求,就能充分调动教师工作的热情,教师就会变“要我干”为“我要干”,教师的才华才能得到充分发挥和展现。有了精神追求,才会有无私奉献的精神,教师才会在教学实践中潜心研究、呕心沥血。

## 三、教育管理的职能分析

教育管理职能是教育管理的职责和功能,分为专门职能和基本职能两类。前者以教育管理对象的特征划分,如对教育、教学、体育、卫生、劳动、科研、人事、总务等方面的管理;后者以其本身的要素划分,如调查研究、预测、决策、措施设计、执行、实施、用人、指挥、协调、指导、教育、激励、训练、监督、考核、问题分析、评价、处理等。

将教育管理的诸多基本管理职能,按教育管理周期的诸阶段进行整理归纳,可概括为计划、组织、检查和总结。

第一,计划。即对教育事业未来发展的设想和对未来工作的决定。

包括教育管理工作目标、实现目标的可行方案、实施目标和方案的具体措施。教育计划一旦确定,就成为全体人员的行动纲领,统帅整个教育管理过程,是教育管理的基础。

第二,组织。即将教育组织中的人、财、物、事加以组合去执行计划,使教育计划付诸实施。可归纳为组织力量、指挥与协调、教育与训练三个方面。

第三,检查。检查有查考、督促、约束的含义。教育领导者除与全体人员共同接受上级主管部门对本单位工作的监督、检查、考核外,还应自行进行经常的、定期的、专项的和总结性的检查。

第四,总结。将一个阶段内的工作、学习、思想和经验进行分析和研究,作出具有指导意义的结论。对总结中发现的关系到教育发展的主要问题,在分析研究的基础上提出改进意见,转入下一个管理周期。它既是对前一阶段计划、组织、检查等管理活动的总分析和总评价,又是下一阶段管理活动的依据和基础。

## 四、教育管理的建设策略

### (一)重视学校规划,合理布局校园设备设施

在学校基础设备设施建设中,尤其要做好长远的规划和打算,一定要根据学校地区实际,特别是生源状况,做好长达10~20年的规划蓝图,包括各种建筑的坐落位置、各室的装饰和功能,既要有建筑学的美感又要有合理利用的价值,绝不能“见子打子”,想到一点做一点,从而导致零乱的局面,既失去艺术价值,又造成重复建设以致资金损失。

### (二)重视校园美化、净化工作,打造良好育人环境

校园的美化、净化工作,是教育管理的直观反映,是教育管理建设最基础的工作,是对师生感染和熏陶的直接载体。因而,在校园中,无论是绿化园地的设置还是宣传栏、墙报的设计,我们都要精心考究。既要重视它的绿化作用、宣传作用、智育作用,同时更要重视它的美育作用,只有优秀的作品才能有更好的感染力。除此之外,我们还要特别重视学校净化工作,因为,卫生能更好地带来身心健康。从这个层面上讲,我们的目标是使校园处处育人。

**(三)重视活动开展,陶冶师生情操**

充分利用契机,组织各种活动,在学校教育中能起到意想不到的效果。我们应抓住时机,组织一引些诸如捐赠活动、班级篮球比赛活动、征文活动、运动会、文艺汇演、歌咏比赛、义务劳动、夏令营活动、知识竞赛、参观考察、社会实践活动等。并且这些活动让更多的人参与和组织,既丰富了校园生活,又培养了师生的管理能力和创造能力,同时对师生都有不同程度的潜移默化的教育作用。我们的目标是力争事事育人。

综上所述,我国的学校教育管理必须在党和国家的教育方针指引下,以人为本,探究各种途径和方法,加强教育管理建设,努力创造良好的育人环境,充分发挥教育管理在思想政治教育中的作用,净化思想,健全人格,促进学生全面而可持续地发展,为和谐社会和全面建成小康社会培养出更多更好的人才。

## 第三节 教学艺术概述

我们常说教学既是一门科学,又是一门艺术。教学是一门科学,这在教育学、教学论等书籍中论述得很多,大多数教师都是理解的;教学是一门艺术,这在教育学、教学论中却讲得很少,并不一定为大家所理解。所以,我们首先讲什么是教学艺术,它的本质和特征是什么,教学艺术的作用是什么等问题。

### 一、教学艺术的概念及其历史踪迹

**(一)教学艺术**

要弄清什么是教学艺术,首先要弄清什么是艺术。对于什么是艺术,有各种不同的说法。艺术理论家认为,“艺术,是人们借助一定的物质材料和工具,借助一定的审美能力和技巧,在精神与物质材料、心灵与审美对象相互作用、相互结合的情况下,充满激情与活力的创造性劳动。”科学艺术家认为,艺术是一种思维技巧。贝弗里奇就把他所著的一本论述科学研究的实践与思维技巧的书,取名为《科学研究的艺术》。教学美学家认为,“达到了某些要求的创造性工作便是艺术”根据这种说法,艺术,就是指富有创造性的工作方式和方法,如谈话艺术、领导艺术、管理艺术等。心理学家认为,“艺术是在生活最紧张、最重要的关头使人和世界保持平衡的一种方法”。教学艺术与其他艺术有共同的本质,因此,上述关于艺术的四种定义,都适用于教学艺术,即教学艺术也具有审美性、创造性和系统协调性。综上所述,我们可以做如下定义:教学艺术是以教学、美学基本原理为指导,遵循教学和美学的规律,娴熟地运用艺术手段、教学技能和技巧来表达教学内容;协调教与学的各种关系,最大限度地调动学生学习的主动性而进行的独创性的教学实践活动。

**(二)教学艺术的历史踪迹**

教学艺术作为一种经验总结,古代早已有之。两千多年以前的孔子就曾说过:“不愤不启,不悱不发”。“愤”就是心求通未得而有愤怒意,“悱”是口欲言而未能表达出的意思,“启”是开其意,“发”是达其辞。这种启发性的教学方法,就是一种教学艺术。孟子继承孔子的思想,提出“教亦多术矣”图。孟子这里所讲的“术”就有教学艺术的意思,而且认为教学的方法或艺术是多种多样的。荀子提出求学要从“求诸己”入手,要求对学生先问而后告,反对“不问而告”与“问一而告二”的教法,即所谓“故不问而告,谓之傲。问一而告二,谓之囋。”这种类似孔子的启发式教学方法,也是一种教学艺术。我国古代第一部教育专著《学记》,更是闪耀着教学艺术的光辉,如“善歌者,使人继其声;善教者,使人继其志。”这就是说,善歌的人,能使人继承他的声音;善教的人,能使人继承他的志愿。又如“大学之法,禁于未发之谓豫,当其可之谓时,不陵节而施之谓孙,相观而善之谓摩。此四者,教之所由兴也。”这就是说,教师对学生可能出现的不正确的学习动机和行为要事先预防;要按学生的相应年龄适时地进行教育;教学要适应学生的年龄特征和个性特征,有系统地循序渐进地进行;学生在共同学习时,要鼓励他们相互取长补短,各得其助。这四者,《学记》认为是教学成功的原则。再如:“故君子之教,喻也。道而弗牵,强而弗抑,开而弗达。”这就是说,教师的“教”要善于诱导启发,要给学生指明学习道路而不能硬拖他们前进;要鼓励学生自觉向前进而不是要压迫推动他;教师对学生先予以启发,使他们自己去思索,不必多由教师代劳而求其通达。这种循循善诱,重在启发的教学方法,至今也仍是一种高超的教学艺术。明代教育家王阳明主张教育儿童要从积极方面入手,提出了顺应儿童性情、鼓励儿童兴趣的教学方法,也是一种教学艺术。他说:"今教童子,必使其趋向鼓舞,中心喜悦,则其进自不能已。"

我国近、现代教育家也提出过关于教学艺术的思想。如我国近代学者俞子夷先生,在其《教学法的科学观和艺术观》中指出:"我们教学生,如果没有科学的根据,好比盲人骑瞎马,实在危险。但只知道科学的根据而没有艺术的手腕处理一切,却又怎能对付千态万状,千变万化的学生。所以,教学法一方面要把科学做基础,一方面又不能不用艺术做方法"。这就明确提出了教学是科学与艺术的统一。我国近代美学开山祖王国维指出:"教育之事亦为三部:智育、德育(即意志)、美育(即情育)是也。""美育者一方面使人感情发达,以达完美之域;一方面又为德育与智育之手段"。这种主张,对我国的教学艺术也是有影响的。和王国维差不多同时的民主主义者、教育家蔡元培在比较新旧教育之歧点时指出,"旧教育的弊端是:教育者预定一目的,而强受教育者以就之;故不问其性质之动静,资禀之锐钝,而教之止有一法,能者奖之,不能者罚之,如吾人之处置无机物然,石之凸者平之,铁之脆者锻之;如花匠编松柏为鹤鹿焉。如技者教狗马以舞蹈焉;如凶汉之割折幼童,而使为奇形怪状焉。追想及之,令人不寒而栗。新教育者则否,在深知儿童身心发达之程序,而择种种适当之方法以助之。如农学家之于植物焉,干则灌溉之,弱则支持之,畏寒则置之温室,需食则资以肥料,好光则复以有色之玻璃;其间种类之别,多寡之量,皆几经实验之结果,而后选定之;且随时试验,随时改良,决不敢挟成见以事焉。""因而知教育者,与其守成法,毋宁尚自然;与其求划一,毋宁展个性。"这些论述虽然没有直接谈教学艺术,但通篇都体现了教学艺术的思想。伟大的人民教育家陶行知十分重视教学艺术,提出"教学做合一",即"教的法子要根据学的法子,学的法子要根据做的法子","先生拿做来教乃是真教,学生拿做来学乃是真学。不在做上用功夫,教固不成为真教,学也不成为真学"。按他的《创造宣言》,当时的育才中学所开展的创造性的教学活动,都体现了陶先生的教学艺术的思想。叶圣陶说:"教师教任何功课(不限于语文),'讲'都是为了达到用不着'讲',换个说法,'教'都是为了达到用不着'教'"。他的这种"教是为了不教"的"不教论",就是一种教学艺术。近年来,为了提高教学效率，注重个性、情感、意志在教学中的地位和作用，对教学艺术进行了广泛的研究，发表了不少学术论文，还有一些专著，如符策震的《教学的艺术》（海南人民出版社出版）、王北生的《教学艺术论》（河南大学出版社出版）、刘显国的《开讲艺术》（四川科学技术出版社出版）。现在人们已不满足于单纯从教学方法的角度来理解“教学是一门艺术”，而趋向于按照美学的规律来建造教学艺术，把教学艺术建立在美学、心理学、教育学、语言学等的基础上，把它看作是精神文明的艺术创造。

国外许多著名教育学家对教学艺术也有过许多研究和建树。正式提出“教学艺术”这个概念的，是300多年前捷克教育家夸美纽斯所著的《大教学论》。

他认为，人是最复杂的对象，教材是人类知识的精髓，要在有限的时间使学生学会，而且越学越愿学、越学越聪明，教师必须掌握教学艺术。他说：“我们这本《大教学论》的主要目的是在：寻求一种教学方法，使得教员因此可以少教，但是学生可以多学，使得学校因此可以减少喧嚣、烦厌和无益的劳动，多具闲暇、快乐和坚实的进步”。《大教学论》“阐明把一切事物教给一切人类的全部艺术。”卢梭在《爱弥儿》一书中明确提出，“教育的艺术是使学生喜欢你教的东西。”第斯多惠认为，“教学的艺术不在于传授的本领，而在于关于激励、唤醒、鼓舞”。罗素提出，“教育就是获得运用知识的艺术，这是一种很难传授的艺术”。艾德勒提出，“使教育过程成为一种艺术的事业。”科学家爱因斯坦在谈到教师的修养时，也提出三条基本要求：一是“德”，即崇高的思想品德；二是“才”，即知识渊博；三是“术”，即高超的教学艺术技巧。他认为教师的创造性活动同尊重学生的独立性结合起来，才可能掌握真正的教学艺术。

20世纪50年代以来，由于科学技术的迅速发展，出现了所谓“知识”爆炸的局面，由此，世界各国差不多都在进行教学改革，改革的共同的特点是：探索新的教学结构和新的教学方法，追求最佳的教学效果，提高教学质量。这就是促使教学艺术从零散的、经验性的总结，发展到系统的、科学的教学艺术论阶段。美国布鲁纳的知识结构论、斯金纳的程序教学理论、前苏联赞柯夫的“发展性教学理论”、巴班斯基的“教学过程最优化”理论，西德根舍因的“范例教学”等，都对教学艺术论的形成产生了深刻的影响。

现在,坚信教学是一门艺术,已成为大多数教育研究者的共识。但教学是不是一门科学?教学艺术与教学科学化是什么关系?人们的认识并不完全一致。有的教育研究者对教学是一门艺术抱有深刻的信念,但否定教学是一门科学。例如英国教育学者吉尔伯特·海特(Highet 1954)在其《教学的艺术》一书中明确表示,他相信"教学是一门艺术,而不是科学。"其主要原因是,教学涉及人、人的感情和人的价值观念。他把涉及的这些方面看成"科学鞭长莫及的领域",并认为"一门科学意味着有严密的规律、很高的可测性和可控性。"也有的人,如加拉格尔(Gallagher,1970)虽不怀疑教学是一门艺术,但他认为,如果教学艺术性少一些,对教学会更有好处。他曾把教学与外科手术相比,并指出,过去许多人之所以死去,其原因之一是把外科技术看成一门艺术,而忽略了它也是一门科学。他认为,"只有一小部分人具有艺术家必备的技能",若强调教学是艺术,会增加"教学的某些神秘色彩"。上述两种意见都有正确的一面,如海特认为教学是一门艺术,加拉格尔认为教学是一门科学;但又都失之偏颇,如海特否定教学是一门科学,加拉格尔认为教学的艺术性越少越好,实际上否定教学是一门艺术。

我们认为,教学既是艺术,又是科学,教学是科学与艺术的结合。我们之所以说教学是科学,是因为它具有与其他科学一样的共同的本质属性。任何科学都是以揭示某一特殊领域的客观规律为目的,是求真知的学问。教学这门科学也是如此,它以揭示教学领域的客观规律为目的,是求真知的学问。现在人们对教学规律的揭示虽然还不多,还不深刻,许多奥秘尚未揭开,但随着科学技术的发展,总有一天是可以揭开的。任何科学的思维方式都主要运用逻辑推理,是理智的活动。要揭示教学的客观规律,主要也是凭借逻辑推理,依靠理智的活动。虽然现在人们对教学规律的论证还不严密,可测性和可控性还不高,但随着科学技术的发展,有一天也总是会被认识的,教学的全面科学化总有一天会实现。我们之所以说教学是一门艺术,是因为它具有与其他艺术一样的共同的本质特征。任何学科的教学都具有审美性;教师为传授知识,表达具有形象性;教学过程中不仅只是教师给学生传递知识,而且还是情感的交流,教学会引起情感的共鸣和转移;教有定法,又无定法,因此教学又具有灵活性和创造性。教学的审美性、形象性、情感性和灵活性、创造性构成了艺术的特点，形成了教学的艺术魅力。教学艺术的魅力是任何教学技术所不可企及、任何教学机器所无法替代的。教学科学化与教学艺术化是相互渗透、相互影响的，教学科学化为教学艺术化奠定基础，教学艺术化是教学科学化的提炼和升华，两者共同完成教学任务，如同车之两轮，鸟之两翼，缺一不可。①

## 二、教学艺术的特征

教学艺术与其他艺术有着共同的本质，否则就不能成为一门艺术；但教学艺术又是一门特殊的艺术，有着区别于其他艺术的不同特征。

### （一）审美特征

所谓审美，是指人类高度地追求美的多方面的活动。美是艺术的真谛。艺术是生产者主体将自己主观世界的审美情致、审美体验以及自创的恰当得宜的美的形式，“物化”于产品之中，以创造具有审美属性的物品，满足人类高尚的审美需求。审美属性是艺术的根本特征。教学艺术也是一种追求美的活动，具有审美性，这是教学艺术的核心。教学艺术审美性的内容是丰富的，体现在教学的各个方面，具体来说，就是教学内容美、教学方法美、教师的语言、板书、教态美等，同时还表现在教学中师生之间心与心的交流、情感的融洽，共同对真理的执着追求方面。一堂赋有艺术魅力的好课，就像观赏一幅名画，心动神怡，流连忘返；就像欣赏一首名曲，余音在耳，袅袅不绝。

### （二）创造性特征

任何艺术都贵在创新，贵在独创，最忌模式化、脸谱化。教学艺术也是这样，这是教学艺术生命力之所在。教学艺术的创造性主要表现在：教学艺术是为了培养学生，塑造人的心灵。这一点与其他艺术是不同的。画家的作品是画，戏剧家的作品是剧本，小说家的作品是小说，而教师的作品则是所培养的学生。教学艺术就是教师“将教学理想融入学生生活”，其结果“就是男女孩子们增强了对文学的敏感，就是少年们增进了对自我和伙伴的认识，就是青年们发展了判断力和思考力。这一切就构成了教师创作成品的色彩和形式。教师是从人类经验素质的提高中

①边和平，刘薇．高校思想政治理论课教学理论与方法创新研究丛书 高校思想政治理论课教学艺术论[M]．徐州：中国矿业大学出版社，2017.

来获得艺术鉴赏的快乐的。”

教学艺术的创造性，是为了寻找最优的教学组织形式、教学方法和手段，以取得最优化的教学效果。这种教学组织形式、教学方法和手段，能最大限度地调动学生学习的主动性。能发展学生的思维能力和创造力，能健康地发展学生的个性。那种呆读死记，机械训练与“创造”是背道而驰的，是对自由的扼杀、那种不能取得最优化教学效果的所谓“创造”，也只是形式主义，徒具虚名的花架子。

教学艺术的创造性，表现为教师走自己的路，形成自己独特的教学风格。画家作画，虽不能信手涂鸦，但能自如地支配创作所用的材料，而教师的教学则不能。

**（三）情感性的特征**

任何艺术都是“以情感人”的。艺术家总是把自己的感情世界“物化”于艺术作品之中。这正是艺术具有特殊魅力之所在，这也是艺术的特殊规律。艺术的一切活动都受特定的情感支配，教学艺术也是富有情感的。只有道理的说教，而没有情感的感染，这种教学必然是苍白无力的、枯燥乏味的，其效果必然不佳。

教学艺术的情感特征主要表现在，教师把自己内心的情感融进相应的教学内容和教学过程中，用真实的富于感染力的情感表现来激发学生的情感体验，引起他们的兴奋、愉悦的感受；把教育作用的触角深入到学生的心灵深处，实现心与心自然的交流、共鸣、撞击；以艺术的魅力，寓理于情，寓教于乐。教学过程是知、情、意、行协调活动的统一过程。如果在教学过程中学生只有认识活动，不伴随丰富的情感活动，是不可能真正学好的。

**（四）形象性特征**

艺术是以形象的方式反映世界的。艺术形象是艺术家运用各种表现美的艺术手段（如声调、旋律、线条、色彩、形体、动作、语言、文字等）塑造出来的，以满足人类高尚的审美需求。教学艺术也具有形象化的特征，因为学生不仅从概念，而且也从形象这两方面来认识世界，也就是说学生掌握世界既要运用抽象逻辑思维，又要运用具体形象思维。教师运用一定的物质材料，如语言、动作、表情、色彩、音乐、图像（包括文字、符号、图表、模型、实物、标本)等,作为传递信息的载体,把概念形态和理论形态的抽象本质赋予可以感知的形式,即抽象概念具体化,深奥理论形象化,不仅给学生提供赏心悦目的形象,而且有利于学生对教材生动地感知,深刻地理解,牢固地记忆和灵活地运用,达到理性与感性相融合,认识与审美相统一。例如在语文教学中,教师善于引导学生剖析、鉴赏精选于教材中的文学作品的人物形象或景物画面,善于让形象说话,把艺术形象再现在学生面前,就会唤起他们的感受能力;借助于语言的描绘,就会使学生如见其人,如临其境,沉醉于诗情画意之中,受到作品思想的影响和感染,从而得到一种精神上的满足和愉快。再如科学概念的教学,教师如果能掌握教学艺术形象化的特征,恰当地运用直观教学,也可以使概念具有表达的形象性并使学生感知科学美。

## 三、教学艺术在现代教学坐标中的位置

教学艺术在现代教学中的作用是很大的。它是提高教学质量,培养全面发展人才的十分重要的手段。其重要作用主要表现在以下几个方面。

### (一)教学艺术对有效传授知识和发展智力的作用

教学艺术对提高教学效果的作用主要表现在以下几个方面。

1.激发学生的内部学习动机

内部学习动机,是一种认知内驱力,是指学生为了实现自己的理想目标,把学习搞好和把事情做好的一种内在推动力,是一种指向学习任务的动机和求知的欲望。这种认知内驱力,既与学习的目的性有关,又与认识兴趣有关。这种动机,能使学生在学习过程中保持活力,认真钻研,积极进取,甚至会废寝忘食、津津乐道地去学习,勇于克服学习中遇到的各种困难,取得学业上的成功。赋有艺术性的教学就能激励和强化这种内在的学习动机。

2.促进学生更好地掌握知识和发展智能

赋有艺术性的教学,教师能通过实物、语言以唤起学生已有的经验,给学生呈现清晰、明确、完整的形象,使学生精确、鲜明、生动地感知教材,积累丰富的感性认识,为形成概念,理解教材打下基础,并培养学生

的观察能力。赋有艺术性的教学,教师能深入浅出地讲解教材,巧妙地启发学生的思维,为学生创造心理自由的气氛;帮助学生深刻地理解教材和巩固知识,发展语言表达能力、自学能力、思维能力特别是创造性思维能力。赋有艺术性的教学,能做到精讲巧练,提高练习的有效性,帮助学生熟练地应用知识和形成技能,并培养独立分析问题和解决问题的能力。

3.提高课堂管理的维持功能

课堂管理的维持功能,指在课堂教学中持久地维持良好的内部环境,通过师生间和学生间稳定合作,吸引学生以最大的努力去完成学习任务。在课堂教学过程中,通常会出现许多新情况,有时会出现偶发事件和各种干扰。如果不能很快适应这些新情况,随时排除干扰,课内就会发生冲突,纪律就会涣散,影响上课顺利进行。不讲教学艺术性的教师,通常是板起面孔,声色俱厉地训斥学生,威胁学生,甚至体罚学生。有教学艺术修养的教师,当课堂出现不安定因素和干扰时,不是用权力去排除,而是用管理的艺术去排除,有时使一个眼神,有时点头一笑,有时教鞭一挥,便可扭转局面,善于不断地调节班集体的需要,主动适应出现的新情况,维持班集体的长期稳定。

4.调剂学习情绪,寓教于乐

没有艺术性的教学,则教学内容杂乱无章,教学方法单调,语言平淡,甚至无意义重复。我们通常看到这种课堂气氛是这样的一幅景象:拘谨而刻板,冷淡而紧张,学生或没精打采,昏昏欲睡,或坐立不安,烦躁乱动,久而久之,便会厌学、逃学。讲究教学艺术的教师,教学内容引人入胜,教学形式丰富多样,能把无意识记与有意识记、直接兴趣与间接兴趣合理地组织和利用起来,做到“寓庄于谐”,“寓教于乐”,学生乐学不厌,流连忘返,教师信心十足,情绪饱满,课堂气氛出现的则是另一幅景象:思维积极活跃,师生关系协调融洽,师生共同沐浴于愉快的感受之中。

**(二)教学艺术对增强教学的教育性影响**

教学不仅要使学生掌握知识、技能和发展智能,而且要在传授知识的过程中,对学生的道德认识、道德情感、道德意志和行为习惯施加积极的影响,以培养学生的共产主义思想品德和优良的个性品质。这就是我们平时所说的教学永远具有教育性。然而并不是所有的教学都能产生积极的教育效果，那种不讲教学艺术性的教学，板起面孔训人，空空洞洞的说教，除了使学生产生逆反心理外，绝不会有什么教育作用。赋有艺术性的教学的特点之一，就是能以情绪的感染、精神境界的体验来影响人、教育人。“感人心者莫先乎情。”教师从“动之以情”着手对学生进行心灵上的感化、情操道德上的陶冶，使学生智慧受到启迪，心灵获得净化，思想得到升华，激起学生对美好事物的向往和追求，其感召力通常是理性的开导所远远莫及的。同时赋有艺术性的教学，教师对教学内容的思想性能正确地发掘，对各个教学环节能正确地组织，对教学方法能正确地选择。这些都是强有力的教育因素，有利于学生掌握正确的道德概念，形成共产主义的信念和理想，陶冶爱国主义情操等高级情感；有利于调动学生学习的积极性和创造性；有利于培养组织性、纪律性、集体主义、责任感、勤奋、严谨等品质。

### （三）教学艺术对实施学校审美教育的作用

审美教育，简称美育，是培养学生认识美、爱好美和创造美的能力的教育。学校实施审美教育的途径，除了开设的各门艺术课程如图画、音乐、文学诸科目及课外作业与课外活动外，其他各科（包括各门自然科学）也含有审美教育的因素（如教学中的“秩序”意识、“和谐”观念）。但各门功课的教学能否实现审美教育的任务，教学内容中的审美因素能否被学生发现和接受，关键在于教师的教学艺术。一个教学没有艺术性的教师，哪怕是教授生动形象的艺术课程，也会使之变成一门枯燥乏味的解说课或操作技能训练课。教学艺术之所以能对实施学校审美教育起很大作用，是由于审美教育和教学艺术本身固有的特点所决定的。审美教育既是情感教育，也是形象教育。情感是实质，形象是现象；情感是果，形象是因；情感是内容，形象是形式。两者相辅而成，密不可分。没有情感，形象则失去生命，而没有形象，情感就无从产生和寄托。离开情感和形象，就无所谓审美教育。艺术是人类审美实践的集中体现，是人类表达和交流思想情感的一种语言。艺术活动是一种饱含着情感的活动。情感是艺术的灵魂，艺术的一切活动都受特定情感的支配；而艺术的情感活动总是伴随着特定的形象，形象性是艺术情感活动的主要特点。正因为如此，艺术才是实施审美教育的主要手段。

# 第二章 教育管理的特点、功能和原则

## 第一节 教育管理的特点

显而易见,事物之间的区别就在于它的特殊性。了解了高等教育管理的特点,我们就能遵循它的本质规律,有针对性地协调管理活动中的各种矛盾,清醒地驾驭各种管理活动。

### 一、高等教育管理目标的特殊性

高等教育系统目标的特殊性决定了高等教育管理目标的特殊性。高等教育系统的主要目标是根据高等教育的功能来确定的,因此,对管理的功能与目标,相应地提出了它的特定要求。高等教育管理的功能就是要通过计划、组织、协调、控制等使高等教育更加符合社会发展的要求,符合社会生产力的要求,这种要求表现在教育的层次、结构、规模、质量等方面的目标。另外,在微观方面,高等教育管理要使组织中的每个成员按高等教育规律办事,更好地完成既定的目标。高等教育系统的目标是根据高等教育规律和社会发展对高等教育的需求来制定的,所以,高等教育系统的协调活动也应该以高等教育的规律为指导,而不能简单地、照抄企业管理中的某些方式方法。从这个意义上说,高等教育的微观管理是以更好地培养人才并且着眼于提高人才的质量为根本目标的管理活动,它不能,也无法以只追求经济效益(更不能以追求利润为目的)为目标。

在市场经济体制下,高等教育要不要考虑经济效益的问题,一直以来都是政府行政管理部门和管理工作者闭口不谈的问题,好像一谈经济效益就乱,就偏离教育方向,而不谈经济效益就“死”。因为在市场经济体制下没有不讲经济效益的组织,没有不讲经济效益的管理活动。与行政管理、企业管理等其他管理所不同的是,如何将社会效益和经济效益有机地结合,纳入高等教育管理的目标中,正确地处理好社会效益与经济效益的关系,这就是高等教育管理工作者值得研究的,这也正反映了高等教育管理目标的特殊性。

高等教育管理具有两个最基本的目标功能:一是尽其所能地将系统内的各种关系和资源凝聚起来,形成一个整体,这也就是管理的“维系”功能;二是最大限度地围绕系统的整体目标,发挥要素的主动性、积极性,更好地实现高等教育系统的整体目标,这也就是管理的“结合”功能或“放大”功能。高等教育系统是由有关教育行政机关和各级各类高等学校所组成的系统,它的结构与功能与其他社会系统有所不同。高等教育在同其他社会系统进行物质、能量和信息交换的过程中,在为社会提供的精神产品的同时,也提供物质产品,这种物质产品表现在劳动力方面、科学技术成果方面、现代文明与文化产品方面,也可能形成工业产品。高等教育系统是最具创造力的社会系统,通过各成员、各要素主观能动性的发挥,可以最大限度地实现“系统大于部分功能之和的效果”。但反过来,如果教育者及教育资源中的人的主观能动性发挥不好,这比其他任何社会系统都更有可能制约生产力的发展。所以,高等教育管理者要充分认识到这两大功能的特殊性,并注意将此二者有机地结合起来,用凝聚力推进整体的结合力,用系统的发展加强整体的凝聚力。

不论是宏观高等教育管理还是微观高等教育管理,高等教育管理资源要素的特殊性具体表现在三个方面。

第一,这是由一群高级知识分子组成的特殊的群体,组织及其成员的特殊性就构成了要素的特殊性。从高等学校管理的主体和客体来看,即管理者和管理对象两个方面看,组成高等教育系统的主体要素之一是教师,是创造和掌握专门知识的群体。因此,对他们的管理要符合这一群体的心理活动和以个人脑力劳动为主的集体性活动的特征。另外一个高等教育系统的主体成员之一是学生,是一群18岁以上、受过完全中等教育的青年,对他们的管理和协调方式要符合他们身心发展阶段的特殊性。正是由于高等教育系统组成人员的特殊性,管理中存在着一种特殊的管理现象,这种现象强调和要求自我管理。应该说,自我管理是任何管理中都存在的一种现象,但是,在高等教育管理中,自我管理尤为重要,他是一种身心和智力发展的自我管理,他们需要学到或养成具有自我管理、自我组织、自我发展的能力。他们的心理特征也表明,在教育过程中,完全有必要让其发挥自己的自我组织管理的能力,才能更好地促进发展。所以,管理对象是教育管理理念与思维创新高等教育管理要素最重要的特点。

第二,教育投资与经费的管理是一项复杂的工作,因为它的用途是复杂的,有时候还不能用绝对的量化管理来处理,有时候投入产出还不能在短期内就能见到成效,经济回报率可能很低。这就是高等教育的经费管理有别于企业管理、行政管理、经济管理等的特殊性。第三,教学与科研的物资设备的管理特殊性表现在这类资源不完全是生产性资源,这些物资设备是建立在教学科研功能上的,是为了完成教育教学实验实习、科学研究开发等,它不仅仅是一套设备,可能是一个一个教学实验和科学研究的基本平台。

高等教育资源的特殊性构成了高等教育管理的特殊性。高等教育资源是指整个社会用于教育领域中的人力、物力和财力以及知识产品、文化产品等的总和,有效的、可利用资源是指高等教育的主办者对高等教育的投入所形成的资源,主要表现在经费投资方面。社会用于教育资源的来源又与社会中的区域发展相关联,与政府对教育的投资相关联,教育是一种事业投资,但是它又不仅仅是纯粹的事业投资,因为他的投资对象决定了不可能完全的事业投资,事业的投资对象主要是针对公共事业,公共事业是针对大众的,基本上所有的民众都可以享受到。而高等教育的对象群体不是单纯地享受公共事业的群体,毕竟当高等教育还没有达到普及化的时候,高等教育就不可能是一种完全的事业行为,虽然,高等教育的结果是回报了社会,但是,受教育者只是整个社会群体中的一部分。那么,为什么不能普及高等教育,这是由高等教育的资源有限性决定的,这些资源又受到整个社会政治经济的发展所制约。所以,从一个方面讲,高等教育的投入来自政府、学生家长、学校自身和社会的多方融资,构成了高等教育投资的特殊性,这就决定了高等教育资源的特殊性。马克思指出:“要改变一般的人的本性,使他获得一定劳动部门的技能和技巧,成为发达的和专门的劳动力,就要有一定的教育或训练,而这就得花费或多或少的商品等价物”,要进行教育活动,首先需要从社会的总劳动力中抽出一部分劳动力，这就是从事教育的劳动者和进入劳动年龄的受教育者，他们要消耗一定的学习资源、生活资源，还必须有一定的物质技术条件，如校舍、图书、仪器设备等。由于高等教育财力资源不是自然资源，或者也不是可以通过生产方式就可以生产制造出来的，而是要通过长时间打造和培育出来的，随着社会的发展与需求逐步形成的。资源的有限性，在满足了人的再生产以及所需要的物质再生产以后，社会所能用于教育的资源就很有限了，难以满足社会和个人对教育的需求，这也是教育管理中的一对特殊矛盾。因此，如何去获得更多的教育资源，如何有效地使用稀少的教育资源，就成为社会领域和教育领域共同关心的问题。高等教育资源投资的特殊性构成高等教育管理资源的特殊性就不言而喻了。①

## 二、高等教育管理活动的特殊性

从宏观高等教育管理来看，高等教育事业具有很强的战略性、前瞻性。高等教育的管理活动整体的发展规划关乎长远的社会民生问题，需要许多专家系统来完成，活动的内容涉及民族文化、区域经济、人口发展、科学技术水平、社会环境等。从微观高等教育管理来看，高等教育管理活动的特殊性体现在高等教育组织管理的活动中，最主要的表现特点之一就是要协调学术目标与其他目标之间的矛盾。学术目标是一种高智力投入和高智力劳动的追求，除了个体的高智力劳动外，同时还要强调高智力劳动的结合、高智力劳动者的团结协作。高等教育系统的主导性活动是传授知识、创造知识，高等教育所培养的各类专门人才和高等学校所提供的各种科技成果主要是通过学术水平和应用价值的高低来衡量的，管理活动的学术性十分强，而这种学术性不可以用一般行政性的方法进行管理。因此，学术目标的组织、协调、实现等是高等教育管理活动中的特殊矛盾，这就要求高等教育管理活动一定要重视学术这一特殊目标，使这一特殊的管理目标与学术目标相符合。高等教育组织中的教学活动是教与学的双边关系，高校师生是一个特殊的群体，在完成教学目标和管理目标的过程中，师生参与到具体的教学管理活动，达到双边认知认同，教学民主就显得更加重要。大学教职工是高等教育系统中

①刘飞鹏．张伯苓的教育管理思想与实践研究[D]．广州：中山大学，2012.

能动的力量,是实现高等教育管理目标的智慧源泉,要发挥他们的智慧和力量,学术自由是高等教育管理必须考虑的问题。高等教育系统中实行学术民主将激发师生员工极大的能动作用,使大家从信任中受到鼓舞,在学术自由这个平台上施展自己的才华,在学校的管理活动中真正地成为中坚力量。

## 第二节 教育管理的功能

功能是指事物和方法所发挥的有利的作用。高等教育管理的功能是指通过管理,在高等教育活动中所产生的有效的作用。我们研究高等教育管理在整个高等教育的活动中具有什么样的功能,其实质是想从它的作用与自身利益价值来认识高等教育管理的实质及其意义,通过有效地管理,使管理中的要素运用到最佳状态,使各项管理活动尽量达到理想目标。

### 一、规划功能

规划是指对事物未来的发展进行预期目标和工作计划的整体设计。从宏观来讲,规划功能是指高等教育管理中的战略发展规划这一事物的有效作用,从微观高等教育管理来讲,是指高等学校的事业发展规划的功用。

既然规划功能是指规划的效用,那么,规划的实质内容主要表现在两个方面:一是规划中的目标的科学性,二是为达到目标所制定的工作方案的可行性。规划是一种预期设计,结果也是预期的,实际上,真正的效用要通过结果来检验,我们讲规划中的目标的科学性和方案的可行性,只是一种过去经验性的思想要求。目标的科学性主要指目标的确定是通过一定的科学程序完成的,是通过各个层面以及专家系统的作用来实现的,是经过了科学的研究与论证确定的。方案的可行性也是指完成目标的工作步骤和措施是否客观,方案的设计是否考虑到了各工作要素和客观环境条件,是否与这些因素有太大的冲突等。综观一些高等教育事业的发展历史,对比过去,我们感觉到现在的编制规划越来越讲求实效,目标的确定越来越清晰，基本上通过定量与定性的指标反映出来，可定量可定性的时候一般是定量反映。而在这些量化指标的背后，在这些定性描述的背后是经过了许多人、许多程序形成的。

### （一）规划的顶层设计功能

不论是宏观高等教育管理还是微观高等教育管理，规划是顶层设计。

宏观高等教育管理中的规划对于高等教育的大政方针、发展方向和发展目标都进行了宏观的规划，给出了整个国家或地区的高等教育规划发展蓝图。

微观高等教育管理规划是学校组织发展的顶层设计。微观高等教育管理规划中确立的办学思想是学校发展的灵魂。如某学校的办学指导思想：以邓小平理论和“三个代表”重要思想为指导，坚持社会主义的办学方向，全面贯彻党的教育方针；以科学发展观统领全局，遵循高等教育规律，坚持内涵发展；以教学为中心，以学科建设为龙头，以改革创新为动力，全面提高人才培养质量、科学研究水平和社会服务能力；立足地方，面向全国，服务地方，服务行业，把学校建成优势突出、特色鲜明的高水平综合性大学。

从以上可以看出，学校遵循科学发展观，准确把握现代高等教育发展趋势，紧紧围绕区域经济和社会发展需求，对当前和今后一个时期学校的发展进行了科学的定位。

### （二）规划的战略功能

规划具有国家高等教育发展战略功能、地区高等教育发展战略功能、学校发展战略功能。它是一个战略谋划过程，这是规划的性质决定的。国家和地区的宏观高等教育发展战略把高等教育的大政方针、目标措施等进行系统集成，成为中长期的发展战略蓝图。①

## 二、控制功能

高等教育管理的实施过程很重要的部分就是控制。控制就是对组织运作及组织活动进行规范性干预，大多是制度性的、行政性的甚至是强制性的干预。

---

①罗曼．新功能主义视角下的教育管理观[J]．太原城市职业技术学院学报，2015(05)：84-85，86.

### (一)高等教育目标控制

高等教育目标的实现程度是衡量高等教育管理效能的重要基准,也是高等教育控制的主要依据。高等教育目标又是相对于一定社会对高等教育的需求而言的,是预设的推动预期高等教育目的实现的导向和标准,因此具有预见性特征。随着时间的推移,高等教育活动主、客观条件的变化,不论是宏观高等教育管理还是微观高等教育管理,对高等教育目标适时进行控制和校正有其必然性。

同时,高等教育目标又深深地带有目标制定者对教育价值判断的印记(对普通教育或学生个性应达到的结果的不同认同),而现实的教育目标的实行通常并不完全按照教育理论家或政治家们的设想去进行。对于高等教育目标操作中出现的与理想之间的偏差自然也需要控制。

### (二)高等教育行为控制

规范高等教育的行为是高等教育管理控制功能的首要任务。高等教育行为主要在两个方面是必须得到控制的,一是高等教育的方向性,二是高等教育的各项活动的行为规范性。

1.高等教育的政治方向

根据教育的国家性和民族性,一个国家的高等教育不可能完全没有政治性。

在阶级社会里,有些事关国家政治、军事、经济、文化安全的知识和技术是有国界的,这是不言而喻的。从国家的民族性和人才战略来讲,人力资本除了是自身的以外,还有一部分是国家的,因为中国的高等教育不完全是自费教育,这里有国家的投入,为国家服务是每一个受教育者的责任。所以,高等教育的政治方向的问题就好理解了,那么,国家对高等教育的政治方向的控制也就成了必然。

2.高等教育行为规范

任何管理活动都是人的活动行为,不论是宏观管理还是微观管理,行为控制也许是管理活动中最复杂的课题。一则,人的行为很难精确测量,因而很难判定它与目标究竟有多大程度的偏差,二则,对人的行为规律的了解还很肤浅。近十多年来,随着心理学和行为科学的发展,不少学者对行为控制问题做了较多的探讨。并且高等教育活动的人是由多个个体组成的人群,对于人群的行为规范就显得更为重要了。

高等教育组织行为的管理。从微观高等教育管理来看,高等教育领域的教学与科研活动属于高智力型。高校的教师和学生致力于知识的探索与传播,他们在实现高等教育目标的活动中,各种行为有别于其他社会组织。不过,普通的组织行为管理技术对于高等教育系统中的行为控制仍然是很有价值的。它立足于人的行为和环境的相互作用,试图通过对环境条件的控制以实现对人的行为的控制,从而促使人的行为向预期的方向发展。根据强化满足条件后,得到的预期结果来改进行为工作,根据具体的人处理各种预期的结果,及时提供程序性的行为规范。在高等教育管理中,要帮助高等教育系统的成员形成良好的职业行为,就需要为他们创造条件,也需要强化某些满足条件后才能得到的预期结果。比如,只有按照一名校长应做到的行为规范与行为要求来挑选校长,并为他完成校长职责创造各种条件,才有可能得到预期结果,达到这位校长在工作中良好的行为。

**(三)高等教育财务控制**

高等教育财务控制是高等教育系统内部各组织借助于对货币资金的筹集、分配和使用采取的一整套管理和监督方法,从而使有限的教育经费得以最大限度地发挥效能,达到预期目标的过程。与其他社会系统的财务控制类似,高等教育财务控制大致也包括预算、会计、决算、审计四种活动。

1.高等教育的财务预算

高等教育的财务预算主要是指对高等教育事业经费的编制、分配、执行、调整和分析等一系列的过程。高等教育预算过程的基本目的是确定从中央到地方主管部门、从大学到学院、从学院到系科、从系科到教学科研人员等的资源分配和调整。在确定预算拨款时,要对资源可选用的方案做出明确的抉择。因此,高等教育的预算核心问题是根据什么要把X款项拨给A项活动而不拨给B项活动。

2.高等教育的会计与决算

在高等学校,会计是以货币为主要计量单位对学校的经济活动和预算执行过程及其结果进行反映、监督和管理的一种财务控制方式,它包括三个部分:第一,会计核算,根据学校的经济活动和预算执行过程及其结果,连续地进行记录和计算,并根据记录和计算的资料编制报表;第二,会计分析,根据会计账簿、会计报表及其他资料,对财务情况进行分析研究;第三,会计检查,根据会计凭证、账簿、报表和其他资料,对有关单位业务活动的合法性、合理性、会计核算资料的正确性和财政政策及财经纪律的执行情况进行检查。

高校的决算是执行预算的总结,是反映全校年度预算结算的书面报告。预算年度结束时,学校的财务活动便进入决算编制阶段:决算进行年终收支清理;制定和颁发决算表格:进行年终结账、编制决算、上报。

3.高等教育的审计

高等教育的财务审计分为国家审计和部门审计,在必要的情况下,还有司法审计。在高校,审计工作是对会计账目进行检查,对有关的财政或财务收支活动情况进行监督的一种财务控制活动。

**(四)高等教育的宏观调控**

高等教育的控制不仅仅包括一些技术性的环节,而且在发展过程中与制度性的宏观调控水平高低有关。这种宏观调控对高等教育发展的影响力通常更为深远。这里所指的宏观调控手段包括高等教育立法、高等教育政策、高等教育财政拨款等。

1.高等教育立法

长期以来,中国高等教育管理与计划经济相适应,高等教育接受中央集中统一领导,法律的效用实际并不明显,所颁布的有关法规大多以"暂行条例""试行草案""讨论稿""纲领""通知""指示""会议纪要"等形式出现。这些法规缺乏法律应用的稳定性和科学性。高等教育法规的变化频繁是高等教育平稳发展的又一大障碍,这体现在对管理制度规定的措辞经常性地变化。同时,对措辞本身的解释通常也模棱两可,不够准确,自然也就缺乏可操作性。另外,从法规的内容看,也有失全面。表现在法规内容调整教育内部关系的多、调整教育与外部关系的少,规范学校的多、规范教育行政领导部门的少,法规的限制性条款多、保护性条款少,义务多、权利少,如很少具体明确学校、教师、学生的办学权、教学权和学习权。

2.高等教育政策

市场经济条件下,高等教育也将受制于市场这只"无形的手"的控制。高校以自己的办学特色多样、专业各异展开对生源市场的竞争;政府与高校之间通过科研成果的买卖关系，使后者从前者那里获取研究经费，促进学术水平的提高；学校通过对教师和行政人员的评聘，促进学校内部办学机制的教育管理理念与思维创新改善，形成不同的学校类型、学科及教育层次。那么，在法律形成滞后时，政府的高等教育政策必须适时做出调整，以保证上述高等教育运作的顺利进行。实践表明，如何保持行政干预（以政策形式）和市场调节的平衡是一个重大而棘手的课题。对于习惯于计划经济思维模式的决策者来说，要真正具有适应并驾驭市场的能力，还有很长一段路要走。尤其是在当前形势下，对高等教育本质的认识在不断深化，很多人习以为常的观念将受到形势发展的强劲挑战。高等教育政策理应更有前瞻性，而不是滞后于形势的发展。高等教育的决策过程必须走向科学化、规范化。政策的实施过程必须有强有力的制度保障和监督，否则，政策实施过程中将不可避免长官意识、阳奉阴违，高等教育政策的宏观调控作用不但不能得到发挥，反而有可能误导高等教育的发展，造成高等教育质量和效益的下降。

3.高等教育的财政拨款

高等教育财政以其拨款的原则和标准来引导、控制高等教育发展的方向。如在美国采取“卓越质量原则”，鼓励公平竞争，因而财政资助大部分集中到少数历史悠久、研究力量雄厚的著名大学，其中大多数为私立大学。此外，美国联邦政府还给高等院校其他形式的间接资助，如减少那些资助高等教育的个人或组织的税收等。中国科研经费的发放由国家科委及有关机构、各级政府设立的多种科学基金组织，以课题项目方式向社会招标，高校、研究机构均可提出申请。事实上，各校获得经费资助的机会并不均等，一般教育部下属的重点大学通常获益较多。在“条（中央、地方）块（省、部委）分割”的管理体制下，部属和省属院校之间获得科研经费存在较大悬殊。在此种制度下，由于缺乏足够的公平竞争机制，通过财政资助方式去引导学校向质量卓越方向发展的愿望自然无法真正实现。过去几年，“211工程”的实施，较好地将财政资助中“点与面，中央与地方”结合起来，体现了效率优先的原则，照顾到国家对高等教育有重点发展的要求，各省均对自己管辖的重点大学积极投资，扶持重点学科、专业，使高等教育与地方建设的关系更为密切。当然，这种资助方式的实效有待更长时间的检验。就目前情形而言，高等教育资助中仍然存在如何公正、公平、公开配置有限资源的问题，一些地处较发达地区的高校因为新的资助政策，通常比那些处于落后地区的高校享受到更多的好处。在这种趋势下，高等教育必然只能走“非均衡”发展的道路，但问题的关键似乎已不仅仅在于资助方式本身，高校自主发展空间和权利将是决定性因素。

## 三、高校的领导者

从目前中国的状况来看，管理好高等教育可能取决于领导个人的素质和事业心，而不是一种领导工作机制。一般来讲，目前中国高等教育的领导者，无论是在个人素质方面还是在事业心方面都应该是比较高的，但是，一旦出现偏差，通常就缺乏机制的制约。

既然高等教育的领导者的重要性对高等教育的影响如此之大，那么，对于高等教育的领导者的要求也应该是高的。高等教育的领导，特别是主要领导，不论是任用制还是选聘制，领导者的个人作用都是不可忽视的，而我们主要考究的是高等学校的领导者，特别是大学的校长。

### （一）领导者的素质

对于高等教育领导者应具备的素质，近年来已有很多研究。一般说来把它概括为四个方面：思想品德素质、科学文化素质、专业素质、身心素质。

思想品德素质是领导者应具备的首要素质。它包括思想政治素质（如坚持以邓小平理论和“三个代表”重要思想为指导、坚持社会主义的办学方向、全面贯彻党的教育方针）和道德素养（职业道德及优良的作风、社会公德及强烈的责任心等）。

科学文化素质是领导者赖以施加影响力的基本素质。高等教育的领导对象是高知识层的人群，因此对领导者的知识素质提出了特殊的要求。一般来说，高等教育的领导者应具备以下这些知识素质：马列主义理论与哲学知识、领导科学与教育科学知识、现代科学文化技术的一般知识与从事某项专业的专门知识以及由这些知识集成和内化的科学文化素养。高等教育管理的最高境界是科学文化的管理。

专业素质是领导者从事高等教育管理的必备条件，主要体现在专业的能力方面。从某些方面讲，专业素质是科学文化素质的一个表象，具体地表现在领导者的决策能力和组织行动能力等方面，由于高等教育系统的复杂性，要求领导者具有更好的领导技术和技巧，要具有更强的平衡协调及驾驭局面的能力。

身心素质是履行领导职务的基本条件。高等教育的领导工作就是协调和解决各种各样的矛盾，有些矛盾的解决具有很强的时效性和刺激性，工作的强度有时候也是很大的，领导者在科学决策、正确选择、合理解决矛盾的过程中，必须有坚韧不拔、不为压力而动的精神，要有较强的心理承受能力和自我控制能力，同时，也还要有强壮的身体，否则，可能什么也干不成。同时，也有人这样认为，高等学校在改革与发展中，一般都有一个凝聚组织的“核心”，高等教育系统应努力造就具有综合素质结构的领导者队伍。因此，还应该包括：领导者的活动能力——“外交家”的接触面；领导者的业务资历——“硬专家”的学术权威；领导者的人格魅力——“家长”风范的非职权性影响力；领导者的管理魄力——“软专家”的管理水平。

大学校长要善于对管理系统施加适当的活力。大学校长的职能是组织学校的教育资源，为实现大学的办学目标所展开的教育管理活动。一位优秀的大学校长的首要职责是为大学筹措足够的办学经费，通过自己的聪明才智、决策能力把学校的系统资源运用到最佳的程度。要使系统资源的运作机制达到最佳程度，作为大学校长，要努力使大学处在不平衡的平衡状态之中，这就是在平衡中有策略地挑起不平衡，通过有效的方法使得不平衡达到平衡。这是一个管理哲学理念，平衡是指大学内部的政策和工作制度保持相对的稳定特性，不平衡是指根据人们的心理特点，采取最小搅动原则，通过一种创新性的工作方法与思想，使整个管理系统具有生机与活力，避免管理系统年复一年的“涛声依旧”。

**（二）组织内部的环境因素**

组织内部的环境因素是组织行动的一个非常重要的因素。环境的好坏，直接导致工作效果的好坏，影响管理目标的实现。假如所有下属都能热忱地、满怀信心地为实现群体目标做出贡献的话，就无须继续研究和发展领导艺术了。但是，不管是由于环境条件的恶劣还是由于领导者的平庸，下属中很少会有人以持续的热忱与信心去工作。因此，对大多数人来说，需要领导营造良好的环境，以激发他们为实现组织的目标做出贡献。有人说,良好的士气就等于成功了一半。大学校长或领导者应该要懂得使用激励理论和激励方法的重要性,激励营造好的环境,让环境体现的性质和力量去满足人们需要。

**(三)激励的有效性**

前面我们讲了系统组织内部的环境因素是组织行动的一个非常重要的因素。高等教育领导的主要任务是激励下属的动机,协调解决组织目标实现过程中出现的矛盾。不同的领导者在完成这些任务时,可能会遵循不同的原则和方法,可能会运用不同的技术,因而也就会产生不同的绩效。现代领导科学的发展已形成一些具有普遍意义的领导技术,在高等教育领导中运用这些技术和方法,无疑对提高领导绩效是有帮助的。下面从激励的过程、因素、原则、方法四个方面加以说明。

1.激励过程

组织系统机制的形成除了制度外,很大程度上取决于系统激励过程。激励作为心理学的术语,指的是激发下属动机的过程。把激励这一概念用于管理活动就是通常所说的调动积极性的问题。心理学研究的结果表明,领导者激励下属就是指下属做了那些领导者希望做的事情,领导者使下属在某方面的需求得到满足,从而使下属按照所需要的方式行事。我们可以把激励看作一系列的连锁反应,从感觉的需要出发,引起欲望或所追求的目标,它促使内心紧张(未得到满足的欲求),然后引起去实现目标的行动,最后使欲望得到满足。

2.激励因素

对于高等教育系统来说,领导者想有效地激发下属与职工的动机,就必须了解高等教育系统的各类组成人员有什么动机需要。有研究提出四个主要的激励因素。一是个体成长。存在使个体能够认识到自己潜能的机会,它证实了这样一个前提假设:知识工作者们对知识、个体和事业的成长有着不断的追求。二是工作自主。建立一种工作环境,其间,工作者们能够在既定的战略方向和自我考证指标框架下完成交给他们的任务。三是业务成就。完成的工作业绩达到一种令个人足以自豪的水平,这是与组织的需要相关联的因素。四是金钱财富。获得一份与自己贡献相称的报酬,并使其他同仁能够分享到自己所创造的财富。这种奖励制度既要适合于组织的发展,又要与个体的业绩挂钩。

3.激励原则

系统激励中至少要注意以下三个方面的原则。

(1)针对性原则

针对性原则要求领导者在实施激励之前必须了解下属需要的类型和需要的结构。实践证明,同样的激励措施对不同的人有不同效果,其原因就在于不同的人有不同的需要。激励措施有针对性就能收到事半功倍的效果。

(2)合理性原则

它包括两层含义:一是根据不同类型的需要采用合理的措施,进行合理的处理,合理的需要应该合理地满足。二是激励的程度要合理,“奖罚分明”,使奖和罚都能收到激励效果。

(3)教育性原则

随着人的文化层次的提高,人的需要也会向高层次发展。因此,激励也可以从教育入手,通过改变人的需要结构达到激励的目的。激励的教育性原则要求领导者在激励过程中既要注意解决下属的实际问题,满足教职工的实际需要,也要通过教育提高教职工的需要层次。

## 第三节 教育管理的原则

我们追求的是这样一类高等教育管理原则,它们必须能较全面、准确地反映高等教育管理活动的特点、本质与规律,即它们是根据一般管理学的原理提出的,同时又特别适用于高等教育管理领域。它们在理论上是完备的,在实际工作中又是切实可行的,以便有效地指导高等教育管理实践活动。前面有关建立高等教育管理原则的依据的论述为科学地分析高等教育管理原则提供了逻辑上和理论上的铺垫。我们认为,高等教育管理基本原则可以包括七个方面,即高效性原则、整体性原则、民主性原则、动态性原则、导向性原则、依法管理原则、公平公正原则。

### 一、高效性原则

高等教育管理的高效性原则是高等教育管理本质的直接体现和具体

化,它要求以一定的高等教育资源投入培养和提供更多的合格高级专门人才和高水平的研究成果,或者说培养和提供一定数量的合格人才和研究成果,投入的高等教育资源要求最少,产出的数量与质量高,从而表明高等教育管理的活力越突出。

任何一种社会机构或组织的活动都需要进行效益管理,都需要提高其工作效率。高效性原则揭示了高等教育管理追求的目标,这就是良好的办学效益,它包括经济效益和社会效益。办学效益的评判标准应该是高等教育所培养的人才和提供的研究成果对社会进步、经济发展、文化进步是否起到最佳的促进作用,高等教育在实施过程中是否最大限度地利用了各种资源,最大限度地减少了浪费。

高等教育在总体发展规划、具体专业设置、人员聘用、经费使用等方面必须具有充分的灵活性和活力,这是保证办学效益得到提高的前提条件。不过,虽然如其他领域一样,高等教育系统也关心管理的效益,但联系高等教育的组织特征(诸如总体目标的模糊性、利益联系机制的松散性等),在分析高等教育办学效益时,有两点需要注意:一是在一定的周期内,高等教育所花费的成本和实际获得的经济收益很难精确衡量;二是高等教育的社会效益无法用数字量化。通常能够计算出来的只有某些资源的利用情况,比如人员、经费、设备、时间、图书资料等的使用效率可以得到一个概算。

过去几十年,人们越来越关注教育组织的效益,这很大程度上取决于其人力资源的质量和状况。人力资源计算作为一门技术正在形成,依靠这一技术,我们可以计算一个组织中人力资源的价值,并估计管理政策的影响。但教育管理活动的复杂性和多样性使现有的技术无法对一些无形的、间接的、综合的、迟效性的教育管理效益做出客观、精确的测定。这就使我们难以回答如何才能促进高等教育管理效益的提高,或者说有哪些因素影响着高等教育管理效益的提高。①

## 二、整体性原则

高等教育管理整体性原则既决定于高等教育系统的整体性,又受制于培养高级专门人才的高等教育目的。管理是一个为了达到同一目标

①魏献策.中学教育管理文化建设的原则与策略[J].科教导刊,2018(34):153-154.

而协调集体所做努力的过程。目标不但为管理指明了方向,而且是一种激励被管理者的力量源泉。特别是当组织的目标充分体现组织成员的共同利益,并使之与每一个成员的个人目标结合在一起时,就会极大地激发组织成员的热情、献身精神和创造力。

在高等教育管理系统中,管理过程的各个环节以及各个方面也是围绕一个统一的目标(培养人才和开展科学研究)而运转的。这个统一的目标使得高等教育的各项工作融为一个整体,高等教育就是要从这个整体出发,协调各环节和各方面的管理工作。系统的最大特点在于整体的功能大于各部分之和,这一系统原理为整体性原则提供了理论依据。系统的功能不仅体现在数量上,更重要的是体现在本质上。通常系统的整体功能相对于各组成部分的功能来说是一种质变。实际的管理工作中,经常遇到局部与全局的矛盾。从某个局部来看虽然能获得一定的效益,但如果整体的损失超过局部的效益,我们总是强调局部服从整体的全局观点。研究表明,人需要给予具体目标才能调动潜在能力,也只有在达到明确目标后,才会产生成就感和满足感。用以维系管理整体性原则的目标只有具体化,并渗透于整个管理过程,成为一种稳定的宗旨,才能真正发挥其统领全局的功效。目标管理的核心是把组织的目的、任务转化为目标,并使组织的总目标与各个部门、个人的目标融为一体,形成组织、部门、个人方向一致、明确具体、切实可行的目标体系。它强调以目标指导行动,以成就和贡献作为管理活动的重点,特别强调目标实现的整体性。

## 三、民主性原则

高等教育管理的民主性原则主要由高等教育管理的学术性所决定。要办好每所既封闭又开放的高等学校,不发扬民主,不充分调动师生员工的积极性和创造性是不可能的,所以,高等教育和高等学校在进行重大决策过程中都必须发扬民主。高等教育领域人才荟萃,学术思想活跃。高等学校的教学和科研活动从其本质而言是学术性活动,而离开民主与自由,学术性活动便无法开展。

民主与公正是紧密联系的,在高等教育管理中,公正意味着建立严格透明的规章制度,人们享受公平的同时享受民主。公正要求把集体的常模与准则应用于个体,在这些常模与准则的实施中,要做到平等、正大光明,不允许营私舞弊,而且要受到民主的监督。民主性原则要求在高等教育管理中制定决策的民主化、执行决策的民主化、检查决策执行情况的民主化、评定决策执行结果的民主化。

## 四、动态性原则

高等教育作为一种社会系统,与外部环境处于动态的相互作用之中。开放系统的一个特点是能够影响其内部子系统,以便对各种环境中的偶然事件做出反应。管理活动与管理对象、管理环境之间有着本质的、必然的联系。根据对高等教育组织特征的分析,高等教育管理过程中要完成的任务、组织的结构、用来完成任务的技术和参与的人员都处于动态之中。这样,一方面高等教育活动须按照管理的基本原理和原则来进行,保持管理的相对稳定和应有秩序,同时,高等教育管理的对象、内容、方式、手段等都在变化之中,要求运用高等教育管理原则时具有灵活性。

在动态性原则下,高等教育管理必然重视改革旧体制、旧办法。恩旺克沃在提出教育管理改革的原则时认为,教育中有无数的力量在要求变革,教育管理改革要在基本不打乱教育稳定性的前提下确定和实现各种必要的改革。但是,任何改革不可能绝对稳定,从这个意义上讲,稳定也是相对的。不过,各项必要的改革应符合几条标准,即改革必须切合实际,适应社会的需要;变革的顺利进行要求学校的目标、政策、计划、程序具有灵活性;变革的成功要求变革循序渐进,以保持组织和管理系统的稳定性。

## 五、导向性原则

高等教育管理的导向性原则主要是指通过管理手段引导所有的组织成员向着既定的目标努力。我们制定的方针政策、我们提出并采取的工作措施、我们营造的工作环境等都具有这种引导作用。

## 六、依法管理原则

依法管理的原则就是指要依据这些法律,还有教育行政主管部门规定的法规,来规范高等教育活动。从微观高等教育管理来讲,要依法治校,建立健全各种规章制度,依法行政,通过制度来规范管理者自己的行为。

## 七、公平公正原则

公平公正原则是市场经济体制下高等教育管理活动的基础,是调动各方积极性,有效地完成高等教育任务,达到高等教育目标的前提。任何高等教育活动都是由人来完成的,公平公正是对人的教育心理活动的基本保证,否则,缺乏公平公正,设计再好的管理活动,也难以达到满意的效果,因为,它挫伤了人的积极性,阻碍了人的主观能动性的发挥,影响了生产力。长期以来,许多管理者不太重视公平公正的原则,不注重管理活动中人的感受,把自己的意志强加于别人之上,通过权力来贯彻自己的意志,甚至打击了正义,鼓励错误,最终导致管理失败。在管理的实践中不乏这样的例子,由于有失公平,使得很好的管理活动和方案流于形式,最终流产或者效果十分糟糕。

# 第三章 现代教育管理研究现状

## 第一节 现代教育管理研究的现状与发展趋势

### 一、现代教育管理研究的现状分析

#### (一)国外研究的发展

西方教育管理理论经历了一百年左右的历史发展,大概经历了经验管理、科学管理、民主管理,科层管理和系统管理等几个阶段。总体上,西方教育管理研究是在逻辑实证主义观点的指导下进行的,一直都是建立在经验研究的实证主义方法论之上的。虽然在20世纪中期后,各种"主义""理论"纷至沓来,都对实证主义的研究方法论提出了批评。但实证主义的认识论和知识观一直都是西方教育管理理论发展的主线,各种"主义"和"理论",诸如主观主义、人文主义、批判理论、组织文化理论、后结构主义、建构主义、女性主义、后实证主义、后现代主义等都只是实证主义认识论的延伸或修正,实证主义的研究方法论还没有从根本上动摇。

从研究路线来看,在19世纪末到20世纪末这100年间,西方世界的教育管理研究,沿着以教育为起点的归纳总结研究和以管理为起点的移植演绎研究两条路线,继而又沿着多元与融合的第三条中间路线,走过了从"潜科学"到"前科学"、到一元性的经验科学及其后的理论科学、再到多元性的综合科学的世纪之旅。

第一条研究路线即以教育为起点的归纳总结研究遵循教育自身的发展逻辑,沿用传统的经验研究方法,并受孔德实证主义的影响,注重吸纳和运用现代教育科学和现代教育技术的有关成果于教育管理的实践活动和研究活动,借以提高其经验管理和经验研究的水平。

第二条研究路线与第一条路线同步或稍晚于前者，它力图跳出教育圈层的狭隘思维，并突破传统经验模式的拘束，转而向教育以外的“科学”探路，将企业管理和一般管理的研究成果沿用于教育，从而使教育管理的理论活动和实践活动走上正途。

而第三条道路则是一条中间路线，它反映了西方教育管理研究的最新进展及未来趋势，即多元与融合。如果把20世纪西方教育管理研究一分为二的话，那么以20世纪70年代为界，此前，教育管理研究的舞台上还只是由实证主义的方法论在跳独舞，而其后则是由实证主义和后实证主义两种方法论在共舞，按照英格里希（English Fenwick W）的说法，它们虽形式有异，但互为补充，始终围绕着“科学现代主义”的中心在运转起舞，因而稍后，教育管理研究又开始以奎恩（Quine W·V）的整体主义知识观为哲学基础，进一步由多转向一，在更高、更为综合的层面上形成人类学、社会科学意义上的多元融合的教育管理学理论。

**（二）国内研究现状分析**

中国自20世纪初开始从西方借鉴的教育管理理论及其管理模式以来，到现在也不过一百年。且在20世纪50～70年代期间，教育管理学的研究又被中断。自1978年教育管理研究重新起步到现在，我国的教育管理研究完整地发展了也只不过近30年的时间，但所取得的成果却是我国历史上任何时期所无法比拟的。

一是设置了教育管理专业。各级师范院校和教育学院的教育专业和教育管理专业相继开设了教育管理课程，而且自1983年北京教育行政学院首开教育管理专业后，其他普通高等学校和教育学院，以及中等师范学校，也都相继恢复了教育管理类课程。仅以教育经济与管理专业硕博士设置来看，自1997年教育部颁布《授予博士、硕士学位和培养研究生的学科、专业目录》中将其列为二级学科以来，据不完全统计，共有北京大学、清华大学等17所大学设立了博士点，107所大学院校设立了硕士点，这么多博士、硕士学位点的设立对于我国现代教育管理的研究无疑起到了极大的推动作用。

二是出版了大量的教育管理专著、专业期刊和论文，中央和部分地方报刊还开辟了教育管理专栏。从1980年编成第一部供校长培训使用的《学校管理》教程开始到目前为止，正式出版的各种教育管理类论著已有数百部,专业期刊达数十种之多。

三是从1982年7月大连举行的全国性教育管理研究活动以后,全国以及地方相继成立了教育管理学术组织和专业性研究机构,形成了一支研究人员、教学人员和中小学校长相结合的教育管理研究队伍。如,1983年成立了全国性的教育管理学术团体——中国教育学会教育管理研究会,沈阳师范大学则成立了中国现有高等学校中唯一一所独立建制的综合性教育管理科学研究机构——教育经济与管理研究所。这些学术组织和研究机构开展的学术活动极大地推动了教育管理学的广泛且比较深入的研究,促进了教育管理学科的迅速发展。①

## 二、我国现代教育管理研究的发展趋势

### (一)“崇洋”情结走向理性,本土化研究任重道远

纵观我国现代教育管理研究的发展趋势,在今后的一段时期内,学习借鉴西方的教育管理理论将仍是教育管理研究的重点之一,但“崇洋”情结将逐渐淡化,认识更加理性,不再一味照搬和罗列西方的管理理论,盲目套用西方的教育管理经验,而是在理论的本土化基础上正确地借鉴、吸收和利用,真正内化为我们自己的教育管理理论。教育管理学归根结底是一门应用型的学科,而应用就离不开对特定环境和特定条件的分析。如果说教育管理的理论是普遍性的,那么理论实施的条件和由此得出的实施结论就完全可能是局部性或区域性的。可以这么说,虽然大家都在谈相似的问题,但解决这些问题的方法却因地、因人和因事而不同。西方教育管理理论运动之所以在后来遭到一些学者的批评,就因为它总想为教育管理找到普遍适用的方法和理论体系,忽视了个案研究的重要性。其实很多的教育管理现象的背后,反映的是特定的问题。不同国家、地区情况不同,在学校及其管理上所面临的问题和解决方式自然也就不同,不可能有一个放之四海而皆准的管理模式。“我们不缺的是国外的管理理论,也不缺国外教育制度的介绍,但我们却缺少大量的教育管理的本土化研究。很多我们国家独特的教育管理现象,我们至今没有适当的符合规范的概念或语义去描述它、定义它。其实,这才是最有价值的教育管理学的基础性研究,不仅具有实践意义,也具有理论意义的基

①李弘.澳门中学教育管理模式创新研究[D].武汉:华中科技大学,2017.

础性研究。”所以，相对于那些教育管理研究历史较长、本土化研究做得较好的国家来说，在21世纪里我们要走的路会更长，研究的担子会更重，真可谓任重而道远。

### （二）理论研究与实践研究并重，联系更为密切

教育管理能否有力地促进教育的发展，关键要看教育管理的理论和教育管理的实践的结合程度是否紧密，彼此是否相互支撑。更确切地说：如果教育管理的理论能够对教育管理的实践起到积极的指导意义，那么教育管理的实践就会有力地保障和促进教育的发展，如果教育管理的理论和教育管理的实践相脱节，教育管理理论在教育管理的实践中得不到体现和运用，那么教育管理理论的研究就是没有意义的，教育管理的实践就会因失去理论的指导而处于一种无序的状态。

这种状态下的教育管理不仅不会促进教育的发展，反而在一定程度上阻碍教育的正常发展。因此，不论从西方教育管理的发展史来看，还是从我国当前教育的发展现状来看，在我国现有的社会和经济的大环境中以及在此背景下产生的教育，都需要我国的教育管理研究要注重实证研究，少做一些“空对空”的理论性的分析和探讨。理论的最终目的在于解决实际问题，而问题又具有多样性和文化历史性背景。因此，教育管理研究既要从我国教育管理的现实出发，进行深入的实证性研究，把更多的力量投入到实际问题的解决中去，坚持教育管理理论研究为实践服务，又要不断深化教育管理理论，形成自己的理论体系，为解决问题提供认识论和方法论，教育管理研究要来自实践更要高于实践、超越实践。理论只有从空中楼阁回到现实的土壤，找到理论与实践的结合点，才能产生有效指导教育管理实践的理论。基于对以上认识的深化，可以肯定地说，未来的教育管理研究将更加注重理论和实践的密切结合，二者并重，偏重任何一方都不利于教育管理研究的健康发展。

### （三）定量分析与定性分析走向整合

教育管理经历了一个从经验管理向科学管理发展的过程，其间定量分析起了关键作用。因为它摆脱了教育管理研究中仅靠定性的经验分析或纯粹思辨的理论分析的局限，“借助教学、统计学和计算机，应用模式将教育管理中各个因素之间的关系解析出来，揭示其因果联系和内在

逻辑关系。这就使教育管理中的目标拟订、策略设计,沟通、协调、控制、决策、评价提高到一个新水平。”因而在我国教育管理的发展过程中,定量分析曾一度被人们推崇备至,定性分析则受到人们的冷落。但在教育管理实践中,我们逐渐意识到定量分析也不是万能的。因为,一方面,并非所有的教育管理问题都能量化,教育管理规律不能单靠具体精确的数量关系来表达,教育管理现象没有明确的外延,常见到“亦此亦彼”的模糊现象;另一方面,仅靠定量研究也难以把握教育管理领域的全貌。定量研究侧重于对事物属性进行数量上的分析,定性研究侧重于对事物质的方面进行分析评价,而任何事物都具有量和质这两个属性,教育管理现象也不例外。所以,定量分析与定性分析相结合,不仅是我国教育管理发展的需要,也是我国未来教育管理的发展趋势。这种管理可分为两种:一种是硬管理,是管理的硬件;一种是软管理,是管理的软件。硬管理体现在管理方针政策、规章制度、技术方法等方面;软管理体现在管理的思想观念文化氛围、价值取向等方面。关注、揭示并回应教育管理世界中所隐含的价值伦理问题,将是未来教育管理学理论发展的一个重要走向,也是未来教育管理学理论必须正面回答的焦点发展的趋势。值得注意的是,二者不是机械的结合,而是一种整合,一种有机的结合。定性分析是定量分析的前提条件,定量分析是定性分析的科学依据。这样的结合将使我们从整体上全面地把握我国教育管理发展的规律。

**(四)从“效率理性”转向价值伦理,研究重心向软管理研究转移问题**

教育管理是一个深深地渗透着价值伦理的事业,教育管理者所面对的世界是一个充满着价值冲突与利益纷争的复杂世界。在种种彼此冲突的价值中做出选择,并在种种矛盾的利益权衡中做出符合伦理的决策,是教育管理人员与各级各类教育管理机关日常工作的重要组成部分。

传统教育管理学理论对系统结构、过程功能、制度规范等问题比较重视,尤其是强调效率理性在教育管理学理论中的至关重要性,忽略甚至有意回避价值伦理的探讨。然而,正如威罗尔所指出的,教育管理毕竟存在于特定的社会政治文化背景之中,各种价值伦理问题势必对教育管理学理论提出相应的要求、产生相应的影响。单就价值伦理的学术研究而言,张新平认为,教育管理学理论急需探讨以下三个层面的问题:一是微观层面的管理者及其行为的价值伦理研究;二是中观层面的教育组织管理的价值伦理研究;三是宏观层面的涉及整个国家的教育体制和教育政策的价值伦理研究。

**(五)适应新的要求,研究问题向多元化发展**

今后教育管理研究所涉及的内容会越来越多,越来越广泛,不仅有涉及教育管理研究全局的大问题,也会有实际管理过程中的小个案。如吴志宏认为,对这种多元化的研究趋势可以从五个层面做些分析:从政府层面来看,如何解决政府最关心的管理体制问题;在学校层面,如何通过一定程度的学校自主管理来提高学校效能,改进学校的教育与教学绩效,促进学校自身的进一步完善:在教师层面,教师的管理、师资队伍的建设。教师的在职培训中如何调动教师的工作积极性,促进教师的专业发展等,所有这些都是迫切需要加以研究的问题。可见研究问题的多元化将是未来教育管理学发展的一个趋势。而且,教育管理研究也应该以问题研究为前提,以解决现实问题为研究的重心。只有对这些多层次、多样化及多元化的问题进行深入研究,教育管理研究的内容才会日益丰富起来。因此,研究问题的多元化将是未来教育管理学发展的又一趋势。

**(六)管理创新——现代教育管理研究的永恒追求**

“创新首先是一种思想及在这种思想指导下提实践,是一种原则以及在这种原则指导下的具体活动,是管理的一种基本职能。”随着知识经济的到来,社会的现代化进程的推动,要求我们重新对人的特征,新的经济增长方式和创新人才的内在关系,国民素质与国家竞争力之间的关系进行深入的思考。其中创新人才的定位,创新系统的层级关系以及教育、科技存量对经济管理的作用的实证性分析,证明教育创新对知识经济的发展具有决定的意义。曾有人把管理比喻成第二生产力,现代要求我们重新对人的特征,新的经济增长方式和创新人才的内在关系,国民素质与国家竞争力之间的关系进行深入的思考。其中创新人才的定位,创新系统的层级关系以及教育、科技存量对经济管理的作用的实证性分析,证明教育创新对知识经济的发展具有决定的意义。曾有人把管理比喻成第二生产力,现代到和谐的发展。因此,在某种意义上,可以说管理创新是现代教育管理研究的永恒追求。

## 第二节 现代教育管理研究的不足与改进措施

### 一、现代教育管理学研究的不足

#### (一)偏重理论解释,缺乏批判意识

我国教育管理学理论基础比较薄弱,在研究过程中多是解释和借鉴西方教育管理理论,然后应用到教育管理实践中,而对理论的反思和批判不够,没有深入研究和考虑理论的地域适应性、时代局限性和我国国情因素,这显然不能真正解决我们遇到的问题,更不能形成中国特色的教育管理理论。究其原因,这是因为我国的教育管理学是在不断学习和借鉴西方教育经验和管理模式过程中诞生、发展起来的,照搬照抄西方教育管理模式的倾向性较明显。

#### (二)研究方法单一,缺少实证研究

我国教育管理学研究方法单一,多数研究人员只是从理论上的想当然出发,偏重于传统思辨研究,而缺少实证研究。这一方面归咎于我国重定性研究、轻定量研究的研究传统;另一方面归咎于发展时间短,理论基础薄弱,研究人员倾向急功近利,研究素质有待提高。

#### (三)学术研究滞后,跟不上改革实践

随着教育改革的深化,教育管理学研究的滞后性不断显现。理论的重要性在于指导实践,教育管理学也不例外。但我国的教育管理理论过于注重政策性的解释性研究,科学性实证性的研究成果不多,研究多滞后于政策,滞后于改革实践,教育管理理论的实践指导意义不大。这一方面是因为研究人员参差不齐;另一方面也由于我国长期集权化的教育体制,研究总滞后于政策文件,管理等同于领导,造成了教育管理研究的滞后性。

### (四)教育管理学科体系的不完善、不规范

教育管理学作为一门学科始于20世纪初,但真正完整发展却是近30年来的事情,目前教育管理学科体系仍不成熟,许多基本概念的界定在学术界未能达成共识,这就造成同一课题的研究缺乏统一的理论基础和学科体系的不健全。究其原因,一是发展时间较短,缺乏必要的理论积累。二是研究不够深入。三是教育管理学学界对基本概念体系缺乏必要的关注,基本概念体系是学科存在的先决条件,若缺乏基本概念体系必然影响学科理论的建构。①

## 二、现代教育管理的改进措施

### (一)加强反思批判,注重本土化研究

教育管理研究应强调本土化,注重在解决本土化问题的过程中显现价值。一是不能简单地照搬照抄西方教育管理理论,要充分考虑理论的适应性,并全面研究整个理论体系,抛弃理论"拿来主义",多加批判反思;二是研究人员要注重探索本地区本学校的教育管理规律,寻求解决本地区、本学校教育管理问题的方式方法,促进教育管理的本土化研究。

### (二)加强实证研究,注重研究方法的多元化

针对研究方法单一偏重思辨研究的问题,今后研究人员应多深入学校,了解教育管理现象产生情境及经过,加强实际问题研究力度,这样教育管理理论才能真正"从实践中来,到实践中去"。同时,随着时代的发展,教育管理学研究的领域和内容越来越多,多元化的问题必然需要多元化的研究方法。今后既要综合运用实证研究、解释研究、规范研究和意识形态批判等研究方式,又要注意整合定性分析和定量分析,促进教育管理学真正步入科学的殿堂。

### (三)注重理论研究与实践研究紧密联系

学术界历来倡导理论联系实际,这对今天的教育管理研究尤为重要,"教育管理能否有力地促进教育的发展,关键要看教育管理的理论和教育管理的实践的结合程度是否紧密,彼此是否相互支撑。"素质教育发展到今天仍令人不满意、开放式学校如何管理等问题,我国的研究都比较

①王永刚. 人文关怀视域下的现代高校教育管理研究[J]. 学周刊A版,2015(16):18-19.

薄弱,今后教育管理理论要注重增强实践性。同时,要减少政策和文件解释性研究,要走在政策前面,增加教育管理理论研究的时代性和创新性,多为制定政策和文件提供依据。

### (四)加强学科自身建设,构建完整学科体系

教育管理学只有对本学科核心价值、制度结构、体系结构、学科的分化与整合等问题做深层次的剖析与研究,找出制约教育管理学学科发展的内部因素和外部因素,明确教育管理学学科发展的方向,才能不断壮大自己的学科力量和学科优势。同时,基于我国教育管理学的起源和发展历程,教育管理学在加强学科自身建设上,一方面要对古典管理理论、人际关系理论和行为科学理论等一般管理理论进行借鉴、改造和运用;另一方面又要从教育学、公共管理学、教育行政学等学科中借鉴、吸收和改造。只有这样,教育管理学才能融会贯通,并自成一家,才能促进学科体系不断完善。

## 第三节 现代教育管理方式

教育管理是社会公共事业管理的一个重要组成部分。随着教育事业的发展以及管理科学对教育管理影响的增加,现代教育管理日益呈现出丰富多彩的管理方式。了解并剖析这些方式,对于我们进一步认识教育管理现象,提高教育管理工作的效率,无疑会起到一定的推动作用。

### 一、国家公权管理

把教育管理看作国家行政的一部分,认为国家应通过制定教育政策、法律等形式,干预教育工作,规范教育制度和教学标准,这属于一种“国家公权管理”的教育管理方式。由于这一思想最早起源于德国,因此也有人把它称之为德国教育管理学派。

在历史上,德国的教育家一向认为,教育事业是国家事业的重要部分,应由国家来管理。例如,20世纪的费希特洪堡、第斯多惠、凯兴斯泰纳等人,都提出过实施普遍国民教育的主张。他们认为,民族要复兴,社会要发展,就必须由国家来办学校、管教育,国家要为国民学校提供足够

的经费和宽敞的校舍,要规定学校教育的内容、标准等。除了教育家外,还有一些管理学家也持有类似观点,如施泰因(L V Stein),施泰因由于其在教育行政学方面的一些开创性的论断,曾被日本某些学者誉为“现代教育行政理论的创始人”。施泰因在20世纪60年代著有多卷本(行政学)专著,其中有一卷重点谈到教育管理方面问题。在他看来,一个国家的行政管理事务可分外交,军事、财政、司法、内务五个领域,教育管理属于其中的内务领域。管理教育最有效的方式是国家公权的干预,如颁布教育法规,规定教育活动的标准等,以此来把教育的一切活动控制起来。研究教育管理学,就是研究国家权力干预国家教育的原理及依据。施泰因的这些观点,使他成为教育管理方式中“国家公权管理”的代表。

教育上国家公权管理的特点是,在教育管理过程中强调贯彻国家的意志、理念和愿望,强调一切根据国家制定的教育法令、政策办事,主张教育目的、内容、标准、大纲等都由国家来统一,各级教育行政官员由国家直接任命,并限制学校领导自身的权力,将其一切活动置于国家规定的范围之内。不可否认,这样一种管理教育的方式,长期以来一直是很流行的。世界上很多单一政体的国家,学校教育都直接为国家所控制。即使在许多联邦政体的国家,虽然中央政府不直接干预教育,但其通过颁布教育法令等手段,依然对学校教育工作施加着巨大的影响。由此我们也可以得出一个结论,教育管理绝不仅仅是教育自身的事情,它背后实际上反映了国家的利益。尽管有教育家主张教育中立,教育不受国家政治的影响,但在现代社会中,离开国家利益而实施教育管理,这实际上只能是一种幻想。国家公权管理的主张,揭示了教育管理活动的政治意义,因而在教育管理理论中具有一定价值。[①]

## 二、行政管理

教育上的行政管理方式,是随着21世纪国民教育制度的发展而推广开来的。在此以前,学校管理基本属于一种经验管理的性质。所谓经验管理,就是管理者以自己积累的知识、经验,作为管理活动的指南。经验管理固然有其一定作用,但其局限性也明显可见,尤其当社会迅速发展的时期,其保守和滞后于形势的一面就会充分显露出来。

---

①朱永新,汤敏,周洪宇. 构建现代教育治理体系[M]. 太原:山西教育出版社,2017.

教育上采用行政管理的方式,明显优越于经验管理,尤其在现代学校数量多、规模大、管理日趋复杂的情况下更是如此。通过行政管理的手段,教育工作有章可循,职责明确,效率大为提高。不过在另一方面,行政管理方式也有其不足,如过于依赖行政权威而不利于教职员工积极性的发挥,容易导致推诿、扯皮、办事拖拉、一言堂等现象,这些不足反过来也会对教育管理的效率产生影响。

## 三、科学管理

与欧洲大陆国家崇尚运用国家权力或行政手段控制教育相比,美国的教育管理呈现出另一种风格。在美国,教育管理被看作是一种职能,一种能为提高效率提供服务的手段。也就是说,如果国家干预教育能促进教育工作的效率,那么这种干预或许有一定道理;但如果干预了反而束缚住学校的手脚,则还不如给校长们更多的自主权,让其自己去解决学校问题为好。

科学管理的方式,21世纪20、30年代在美国的学校中曾得到充分反映,具体表现在:第一,学校为提高效益降低教育开支,扩大了师生之比,并削减了学校的后勤人员;第二,学校制定统一的工作程序,并将有关的教学资料、设备等尽量地予以量化和标准化;第三,学校对学生的学习情况给予严密的测试和评估;第四,对教学突出的教师发给额外奖金,以表彰他们的工作成就;第五,学校开办各种业余补习班,以最大限度利用教育设备等。应该说,科学管理的方法在一定程度上提高了学校工作的效率,使有限的教育经费得到较充分的利用。但是这一方法的弊端也是显而易见的。第一,这一方法最初是针对工厂管理提出的,不可能考虑教育自身的特点,即教育是与人而不是与物在打交道;第二,它把工厂管理的某些方法不适当地引入学校,在教育管理过程中过于强求统一和标准化;第三,它过分强调外部控制手段,如规章制度、奖金刺激等,忽视了师生员工的内部生理和心理需要,因而在一定程度上限制了人的主观能动性的发挥。科学管理方法的这些缺陷,最终导致另一种管理方式的兴起,这就是民主管理。

## 四、民主管理

从21世纪30年代后期起,另一种教育管理方式开始在一些欧美国家的学校流行开来，这就是民主管理。民主管理方式的流行，主要源自人际关系理论的兴起。人际关系理论是美国哈佛大学教授梅奥（E Mayo）提出来的，他认为不能纯粹从经济角度看待人，把人视为经济的动物，人是社会的人，具有社会的属性，有着各种社会和心理方面的需要，如需要得到他人的关心、友谊和尊重，需要一种安全感和归属感等。所以，提高生产效率，关键在于满足人的社会和心理需要，而要做到这一点，就必须改善组织中的人际关系，用民主的方法进行管理。梅奥的这些理论为企业界以及后来的教育界的民主管理方式开辟了道路。

民主管理方式曾在欧美一些学校风靡一时。翻开当时的学校管理文献，可以看到当时所发表的呼吁改善学校人际关系、推行校内民主管理的大量论文和专著。在具体的教育管理实践上，民主管理的方式主要反映在以下几方面。

第一，重视学校中非正式组织的作用。在学校中，管理者不仅要看到正式组织的作用，如组织机构、职权划分、规章制度等，还要看到非正式组织的作用。所谓非正式组织，是指人们由于共同的信仰、兴趣及爱好等而自发结合的“利益团体”。过去管理者倾向于把这些团体视为学校工作的障碍，认为它们的存在有损于组织的利益，而民主管理则视非正式组织为正式组织的必要补充，并且认为前者是学校工作不可缺少的一部分。学校管理者的任务，就是要有机协调这两者之间的关系。

第二，从改善人际关系入手提高教师士气。提高教师士气是搞好学校工作的关键，然而管理者不能仅从经济刺激入手提高士气，更重要的是要关心、体贴人，千方百计满足教师的社会和心理需要，这样教师工作积极性才能最大限度发挥出来。

第三，实施参与决策。学校校长不能仅仅把管理和决策看作是自己个人的事，而要看到让教师们参与管理和决策，实际上是民主管理思想在学校中的具体体现。许多教育管理的实验调查也表明，教师一般都喜欢能让他们参与决策的校长。此外，让不让教师参与管理，对于教师的工作热情以及职业的满意度等有着至关重要的影响。

第四，提倡教学过程中的民主教学和民主监督。民主教学，就是指在教学中要发扬民主，给儿童更多的活动机会，使儿童成为教学过程中的主体；民主监督，是指学校领导对于教师要给予信任，不要过多干涉教师的教学活动，要提倡教师之间的相互协作和相互监督。

总的说来，人际关系的理论的出现以及相随而来的民主管理方法，对教育管理工作产生了较为积极的影响，如同当时有的专家所说，在民主管理的方式下，“独断专行的学校管理者不见了，师生享有了比以往任何时候都多得多的自由，学校也成为学习和工作的快乐的场所。”

## 五、行为管理

行为管理的方法，实际上就是运用行为科学的理论，对组织中人的行为进行研究，借以提高管理的科学化水平。行为科学是20世纪50年代在西方兴起的一门综合性学科，它运用多方面的学科知识，着重探讨组织中人的行为特点，分析行为的产生原因、影响因素及发展趋势，旨在妥善处理组织中的人群关系，激励人的积极性，以求有效地达成组织的目标。尽管相对其他管理理论来说，行为管理理论及其方法历史较短，但它却是一个极有发展潜力的领域。近二、三十年来，国外教育管理学界研究得最多的就是教育组织的行为问题，如领导行为决策行为、激励行为、沟通行为等，下面分别予以概要介绍。

在领导行为方面，曾有过许多理论，如领导风格理论、管理风格理论，领导权变理论，领导生命周期理论等。所有这些理论，近年来都被美、英、加、澳等国的教育管理专家拿来分析教育组织中的领导行为问题，如校长的角色问题，校长的领导风格对学校的影响，学校组织环境与领导效率之间的关系，学校管理者如何平衡组织利益和教师个人利益之间的关系等。在这些研究的基础上，以校长的领导问题为核心内容的“校长学”类著作不断问世，从而把教育管理研究推向新高潮。

自从著名经济学家、管理学家西蒙(H A Simon)提出决策理论以来，西方教育管理学研究人员就开始注意教育决策问题。他们分析教育有哪些常见的决策，学校管理者的决策过程是怎么回事，决策时会碰到哪些障碍等。为了探讨校长们是怎样做决策的，一些专家学者还采用了实验观察方法，他们发现，真正成功的校长，都十分重视决策前的准备工作，如搜集大量资料注意倾听他人意见等。相反，那些不做任何准备的校长决策时就容易出现偏差。除了研究学校管理者的决策过程外，研究人员还注重探讨参与决策问题，并在这方面提出不少有价值的建议。

在各种教育管理行为中,研究最多的是激励行为问题,因为激励和强化教师动机,调动教师的工作热情,一直是教育管理者梦寐以求的事情。在激励行为的研究中,教育管理专家们也从社会学心理学等学科中借鉴了不少理论,象马斯洛(A H Maslow)的需要层次理论,赫茨伯格(F Herzberg)的激励一保健理论,麦格雷戈(D McGregor)的X理论、Y理论等。研究人员发现,这些激励理论对于教育管理工作有重要价值。如在一些调查中校长们表示,他们十分赞同赫茨伯格的激励——保健理论,并且运用中也确实收到了成效。特别值得一提的是,近年来国内一些研究人员也开始注重激励行为研究,并提出同步激励,公平分配,将负激励因素转化为正激励因素等观点。这表明,行为科学理论同样可以指导我国的教育管理工作。现代社会是一个信息技术高度发达的社会,因而对沟通行为的研究日趋重要。行为科学的创始人巴纳德就认为,组织的一切活动都是以信息联系为基础的,没有信息联系,组织将无法有效运转。管理者的职能,就是要有效地维护组织的信息系统。在教育管理方面,研究人员重点分析如下问题:教育系统中信息是如何发生的,信息交流时遇到哪些主要障碍,小道消息对学校管理有哪些影响,教育领导碰到信息超载的情况如何处理等。

总之,行为管理方法不像其他方法,为教育管理怎么进行开出具体药方,而只是要求人们重视教育组织的行为问题,通过对组织行为的分析以及组织行为的改善,最终达到提高教育管理效率的目的。

## 六、系统管理

把各种教育组织看成一个系统,不仅内部是一个系统,而且与外部社会一起构成一个更大规模的系统,因此对教育的管理不能采用头痛医头、脚痛医脚的方法,而要树立整体观念,综合考虑,这便是教育管理中系统管理方式的基本含义。自从20世纪50年代系统理论提出以后,系统管理的方法便在包括学校在内的各行各业的管理中流传开来。

系统论的思想最初是针对生物科学提出来的。根据系统理论,有机体是一个在结构与功能上相互依存的完整系统,有机体由细胞构成,细胞又由彼此协调工作的分子组成,每个分子都能接受来自外界的信息,分子的变化必然影响到细胞的生长并最终影响整个有机体的生长。将这一理论应用到管理上，管理学家认为，一个组织就是一个完整的系统，它由多个部门、多方要素所构成，它们相互依存，其中任何一个部门或要素的变化，都会影响整个组织的发展。显然这样一种思考问题的方式，对于我们认识教育过程及其管理是有帮助的。

用系统论的思想考察学校，就看到，在学校组织中存在着种种变量因素，这些因素相互作用、相互影响、共同制约着学校系统的运转。根据学校管理学家们的分析，学校中最活跃、最能对组织运转发生影响的变量因素：①组织结构方面，包括校长办公室、教务和总务部门、教研组等；②人的方面，包括教师学生、校长、后勤人员等；③技术和设备方面，包括课程、教学方式、学校建筑、实验室等；④心理方面，包括角色地位、个性、期望、校园文化等；⑤与外部关系方面，包括学校环境、社区联系、地区条件等。对学校组织进行系统管理，就要求学校管理者经常考虑各个方面，遇到实际问题全面分析，从全局着手来解决局部问题，这样才能达到最佳的管理效果。

不可否认，系统管理思想应用于教育管理毕竟历史还短，因此它的大部分研究目前还只停留在理论构思阶段。作为一种工作的指导思想，它无疑具有深刻的意义，不过作为一种切实可行的实用手段，它还有待于研究者进一步去认识和挖掘。

## 七、目标管理

目标决定着一个组织的行动方向和最终结果，它是一切管理工作的基础，因此在现代管理中，它受到人们越来越高度的重视。“目标管理”作为一种具有特定含义的现代管理理论，目前它已在各行各业得到广泛应用，有的人甚至把它称为是一种全新的管理方式和管理哲学。

目标管理的理论最早由美国管理学家彼得·杜鲁克(P Drucker)提出。1954年，他在《管理实践》一书中首先使用了“目标管理”这一概念，提出了“目标管理和自我控制”的理论主张，强调“每一项工作都必须为达到总目标而展开”。起初，目标管理的模式主要在各级管理人员中推广应用，到了20世纪60年代，一些研究人员建议，把采用目标管理的对象推广到组织系统中所有人员。这样目标管理就演变为一种由管理者与被管理者共同参与制定、执行及评估目标成果的管理制度和方法。

目标管理的方法能否在学校中推广应用,对此研究人员的看法是,只要应用得当,就能收到实效。所谓应用得当,就是说要考虑到学校工作的特点。学校工作最根本特点是与人打交道,这一点与工厂企业不同,因此学校实施目标管理,最重要的就是要突出以人为主体的思想。也就是说,在整个目标管理过程中,始终围绕人来做文章。一些学者建议,学校中的目标管理可以这样来分阶段实施:第一是确立目标阶段,在这一阶段,重点是把国家或社会的教育理念、方针、政策转化为学校工作的具体目标。做到这一点并不容易,因为国家或社会的教育理念,方针和政策通常是高度理性化的,将这些理念转化为实际可操作的目标,需要管理者对此有深刻的体验和认同感。只有经过审慎地考虑和集思广益、领导者方可能制定出较为符合学校实际的工作目标,并从质、量、责等方面层层分解,将目标最终落实到学校每个教职员工身上。第二是实施目标阶段。专家们认为,这一阶段最重要的是调节教师心态激励其精神,发挥他们的主动性。因为从管理程序来讲,校长很难直接控制每个教师的工作,只有真正调动了教师的工作积极性,才谈得上目标的落实,否则就会变成领导者唱独角戏。第三是评估测定阶段。这一阶段要对目标的成果加以估量,总结其经验教训,为新一轮的目标制定创造条件。不过,教育成果的评定通常带有随机和不确定性质,这给目标评估工作带来困难。研究人员承认,这个问题很伤脑筋,目前还找不到完美的解决办法,也许这是教育工作性质所定。正因为如此,也有一些学者对目标管理方法能否适用于学校表示怀疑。他们认为,教育的目标原本是价值观的衍生物,而后者是因时、因地、因人而异的,结果造成教育的目标也变得多异和不确定,大大加深了目标管理的难度。如有的专家就公开宣称,教育的目标是"不可操作的,没有 种量表可以用来测量教育过程与公民道德培养之间的确切关系;学校可以泰然宣布它实现了预定目标而不必担心人们的指责,因为评定目标实现本身就难以有统一的意见。不过,虽然对学校能否运用目标管理方法有种种看法,但作为一种使教育管理工作有序化和规范化的手段,目标管理仍然受到广大教育工作者的欢迎。"

## 八、质量管理

与以上一些管理方法一样,质量管理原先也是企业界应用的一种管理方式,它是在强调质量控制和质量保证的基础上发展而来的。一般公认的对质量管理产生重大影响的理论大师有美国的戴明、朱兰和克劳斯比等人。根据质量管理的理论,一个组织要想保持长期成功,就必须以产品质量为中心。为提高产品质量,质量管理的倡导者们提出了一系列的管理措施,如戴明博士提出了十几条管理的要点,包括:确立一贯目标,改善产品和服务;加强在职培训;消除各部门之间的障碍;提高并尊重员工的工作精神;建立各种自我提高计划等。有趣的是,质量管理主张虽由美国管理学家提出,但首先在日本企业界得到推广,并获得极大成功。美国也从20世纪80年代广泛开展了质量管理运动。如今,随着质量管理思想的广泛传播,“质量第一”“质量就是生命”的口号已经在全世界流传开来。

当质量管理的主张进入教育领域时,人们首先考虑的是如何理解教育工作的质量。质量管理是全方位的,不但体现在产品或服务方面,而且体现在生产过程、环境和人员素质方面。同样,教育工作的质量也应从多方面得到体现,它不仅指学生的学习成绩或认知水平,还应包括学生作为一个完整的社会形态的人所应具备的各种素质表现;此外,学校对质量管理的努力,也不单单体现在改进教学方面,还应包括学校满足其顾客需要(包括学生,政府和社会的需要)的各种服务方面。研究人员认为,只有这样认识质量管理问题,才能打破传统的教育质量观,树立新型的质量观。

如何在学校中实施质量管理,对此研究者也提出了种种建议:第一,学校全员参与,提高对质量管理的认识,树立集体责任感和荣誉感;第二,把改善学校人际关系看作质量提高的基础;第三,相信学校组织中的所有方面都能得到提高;第四,相信人人都想把教学搞好,每个人都希望自己对组织做出贡献;第五,用统计或图表方法使学校员工了解自己的工作处境和成绩,以及自己义务上有可能的变化和发展;第六,建立培训计划,让教师有提高的机会;第七,掌握质量管理的波动规律,努力控制影响学校质量的各种因素等。

在提倡质量管理的同时,也有人从三方面对这一方法是否能在教育中全面实施提出疑问:第一,教育质量怎么看。从根本上看,教育质量带有不清晰的性质,如质量的高低,教育效果的好坏等,不仅难以从程度上精确区分,而且界限上也不易判别。第二,教育作用也有不确定性的一面,如教育动机和效果之间并非都成"正比关系",相同的学习条件并不一定导致相同的学习效果,这其中受人为因素的影响实在太大。第三,质量评估上的主观随意性。对于学校教育的质量,由于难以编制量化指标,或者即使编出了量化指标也并不一定科学,因而评估时会有很大差异,这种差异影响了质量评估的说服力和对质量评估的信任。以上这些疑问,应该说还是有一定道理的。如何使教育质量管理的方法更完善,显然还需要进一步研究和探讨。

透过上述分析,我们至少可以得出两个结论,第一,随着教育管理活动的日益复杂,教育管理方式也由单一变得多样化起来;第二,现代教育管理在很大程度上受到企业管理理论的影响,很多教育管理方法,实际上是企业管理理论在教育管理工作中的吸收、改造和应用。当然,上面虽然将各种教育管理方式单独讨论,但它们之间的差异只是相对的,在实际工作中,教育领导总是根据自己所处的环境和条件,综合运用各种方式来管理教育的,不过在不同学校、不同的人身上体现出不同的管理倾向罢了。随着教育事业的发展,今后必然还会有更多的教育管理方式问世。

# 第四章 以人为本的教育管理理念

## 第一节 以人为本的内涵

### 一、以人为本的含义

对于“以人为本”中“人”的含义的理解，当前主要有两种观点：一种观点认为，以人为本中的“人”就是指人民，以人为本，就是以人民为本。另一种观点认为，以人为本中的“人”是指社会全体人员或所有个人，以人为本就是以“人人”为本。实际上这两种观点都有合理的因素，但都比较片面。按照历史唯物主义的基本观点，正确反映客观现实的“人”的概念是个集合名词，它是包含所有个人、群体和整个人类在内的广泛的社会范畴。科学发展观中“以人为本”所讲的“人”，就是生活在现实社会之中、与他人结成各种社会关系、从事着各种社会实践活动的人。

对“以人为本”中“本”的科学内涵，当前学术理论界也有不同认识。具有代表性的也有两种观点：一种观点认为“本”只是一种价值观，主要涉及人的利益和价值标准，并不回答世界观问题。另一种则认为，它不只是一种价值观，同时还具有世界观、社会历史观的意义。胡锦涛同志指出，“科学发展观是指导发展的世界观和方法论的集中体现”。作为科学发展观的本质和核心，“以人为本”的内涵当然不应局限于价值观，何况价值观本来就和世界观、社会历史观有着内在的不可分割的联系。我们应从世界观、社会历史观和价值观的统一上，从世界观和方法论的统一上去把握“以人为本”的“本”的内涵。

如上所述，以人为本中的“人”是指全体社会成员，“以人为本”具有三层基本含义：其一，它作为一种世界观，是一种对人在社会发展中的主体作用与地位的肯定，它既强调人在社会发展中的主体地位和目的地位，又强调人在社会发展中的主体作用。其二，它作为一种价值观，强调尊重人、解放人、依靠人、为了人和塑造人。尊重人，就是尊重人类的价值、社会价值和个性价值，尊重人的独立人格、需求、能力差异、人的平等、创造个性和权利，尊重人性发展的要求。解放人，就是不断冲破一切束缚人的潜能和能力充分发挥的体制、机制。塑造人，是说既要把人塑造成权利的主体，也要把人塑造成责任的主体。其三，它作为方法论，也是一种思维方式。就是要求我们在分析、思考和解决一切问题时，都应围绕"人"来思考和运作，既要坚持运用历史的尺度，也要确立并运用人的尺度，要关注人的生活世界，要对人的生存和发展的命运确立起终极关怀，要关注人的共性、人的普遍性、共同人性与人的个性，要树立起人的自主意识并同时承担责任。①

## 二、以人为本的高校教学管理含义

以人为本的教学管理实际上就是人本原理在学校教学管理中的运用，它是指在高等学校教学管理中如何看待人以及如何按照人的本性及其发展规律去实施的管理，是以关心人、尊重人、激励人、解放人、发展人为根本指导思想来进行的教学管理，是一种把人作为管理的主体，充分利用和开发学校各种资源，更好地服务于师生，从而为实现学校目标和师生个人目标而进行的管理。以人为本的教学管理的含义主要包括以下两点。

第一，所谓"以人为本"的教学管理，就是在教学管理中以学生和教师的成长、发展为本。在学校教学管理系统中，人既是管理的主体，又是管理的对象，还是管理的产品，因此，人的因素在学校教学管理中占有重要地位。教学管理中"以人为本"，首先就是要尊重师生的意愿，尊重他们成长和发展的规律，按教育教学规律办事。学校人力资源的显著特点是知识性、智力型、教育性，它要求学校教学管理不仅要尊重人、激活人、调动人的积极性和创造力，更要塑造人、发展人。不仅停留在表面意义上的尊重，实行简单的人文关怀，而是统领学校大学精神，引导价值追求，在深层意义上即观念层面上，对管理对象中的人施以潜在的、无形的、隐性的再造，就是对人施以理性关注、价值观引领和精神锻造；用学

①关健，丁宏．以人为本与高校大学生思想政治教育实践创新．哈尔滨：黑龙江大学出版社，2015.

校目标影响教师价值选择、转变生存观念、提升人文境界、培育现代教养，进而达到学校目标与个体价值追求的理性整合，使组织和个体进入自为状态，实现组织的持续发展和个人的自由全面发展。

第二，“以人为本”是高校教学管理的根本指导思想。以人为本，应当统领并渗透到各种不同类型的教学管理中去，否则，具体的管理模式就可能发生异化。例如，科学管理如果不以人为本，就可能异化为科学主义指导下的机械式管理，这将大大挫伤人的积极性：法制管理如果不以人为本，就会发生异化，限制人的能动性，甚至转化为专制。所以，以人为本是教学管理的根本指导思想。以人为本的教学思想应该贯穿于学校教学管理的各个环节、各个行为之中。如教育目标的制定、教学环境的建设、教学任务的分配、教学管理决策的制定与执行、教学内容的选择、教学过程的实施、教学方法的选择以及教学评价等都要体现出对人的尊重、理解、信任，并能有效为促进人的发展服务。

## 第二节 以人为本教育管理的内容

教育管理是保证教育事业顺利、有序、健康持续地向前发展的重要保证，是全面提高教育质量的关键。科学有效的管理模式是办好教育、提高教育质量的必要条件。从根本上讲，教育管理是一种协调人、物这两大系统，来有效地达成教育管理目标的活动。知识经济时代的来临以及20世纪80年代非理性主义管理思潮的出现和兴起，为教育管理注入了新鲜的血液和鲜活的动力。他们提倡进行管理革命，即以“人”为中心“发掘一种新的以活生生的人为重点的带有感情色彩的管理模式”。从此，人性化的管理理念逐渐渗透到教育领域中来，教育管理者开始关注和追求人性的回归，开始意识到坚持“以人为本”的管理理念和管理模式才能成功地促进人性的发展，有效地提高教育质量，体现教育的终极关怀。

以人为本的教育管理强调将人视为管理的主要对象及组织中最重要的资源，通过各种措施提高学校成员当中“人”的能力和素质。“以人为本”的教育管理理念，能激发被管理者的潜能，使其能发挥出自身的主观能动性,从而实现教育的目标。以人为本的教育管理模式正是在时代和教育将关注的焦点转向“人”的背景下提上议事日程的,并逐渐成为教育改革的新课题和新亮点,其具体内涵主要表现在以下五个方面。

## 一、教育资源管理的人本化

广义的教育资源不仅仅包括满足教学必需的财力和物力,还包括人力,人力资源是教育资源的核心和根本。首先,财物是要由人来经营和管理的。在财物管理过程中,人选的安排非常重要,必须要求候选人达到一定的标准,具备起码的素质,如有事业心、有职业道德、会用钱等。可见,对财物的管理归根结底还是对管财物的“人”的管理。因此,要求学校管理者在人力资源的开发和利用中“以人为本”,关注人的需要,尊重人的价值,重视人的素质,从而调动个体的积极性和主动性,提升其良好的职业道德和业务素质。其次,在对财物的配置利用过程中,体现“以人为本”。即做到物尽其用、人尽其才,让财物发挥“为人服务”的作用,满足教师和学生的需要,服务于人的发展。

## 二、办学管理的人本化

以人为本的教育管理理念重视教师在办学管理中的地位和作用,强调实行民主管理、民主决策,最大限度地满足教师的合理需要,尊重教师的价值和尊严,使管理者不是单靠行政命令和强硬措施来进行调控,而是通过共同的奋斗目标、细致的思想工作、正确的决策、情感的投入和人文关怀等能满足人性需要尤其是心理需要的“软”管理来实现有效的管理和调控。因此,在办学管理上,学校应增强教师参与管理的意识,使其为学校的发展献力献计、出谋划策。

首先,建立灵活的激励机制。在教师队伍建设和管理中实行全员聘任制等模式,坚持公平聘任、公平竞争、择优上岗等原则,体现对教师的权利和人格的尊重以及对其能力的肯定和认可,从而有效地调动其参与管理的积极性,催生其“育人”“育人才”的内在动机,使其以更大的热情投入到教育教学中,增强其责任感和使命感。

其次,要加大选人、用人、留人的物质和感情投资,做到“以事业留人,以感情留人,以待遇留人”。通过政策倾斜和建立奖励机制,奖励那些教育教学成果显着的单位和个人,从而有效地激发其继续进步的动机，同时也营造出一种积极向上的竞争环境，为有专长、有才华的教师提供施展才华的平台。为教师提供继续教育的机会和资金上的扶持，改善教师的生存条件，使其全身心地投入到教学工作中来。

再次，鼓励教师积极参与科学研究，实现教师的专业化。教师不仅仅是知识的传声器，而且应成为知识的创造者。鼓励教师参与科学研究可以有效地调动教师创造的激情，增强其对教育、对生活的信心，有助于改变其生存状态和生活质量。

最后，营造和谐民主的干群关系，完善民主监督机制。学校领导应广泛联系群众，倾听基层教师的心声，采纳教师的合理建议和意见，缩小与教师的距离，调动教师参与管理的热情，使教师以校为家，将促进学校和学生的发展作为自己的责任，并自觉采取积极的方式付诸行动。学校的管理不应拘泥于形式，而应关注管理的效果。管理上应“宽严结合”，多渠道沟通干群关系，形成一种宽松、民主的校园环境和心理环境，使教师在良好的环境中实现自我价值。教代会是一种调动全员参与学校的管理和发展的有效形式。要真正贯彻以人为本的管理理念，就应充分发挥和体现教师在管理中的主人翁地位，使每一项制度的制定和重大决策的出台都成为“集体智慧的结晶”。

## 三、服务对象管理的人本化

教育是一项公益事业，也是一项服务性事业。其直接的服务对象是学生，直接目标在于“育人”、促进人的发展。就服务对象而言，以人为本的教育管理就是要以学生为本，以学生的发展为本，以培养学生的创新精神和实践能力为目标，尊重学生身心发展的规律和特点，尊重学生的个性特征，使学生积极主动健康地发展。教师作为学生的直接“管理者”，应该树立人本管理意识，做到一切为学生服务，一切为了学生的个性发展和全面发展，一切为了学生的发展提供空间，从而培养和加强学生的自我管理能力。学校制定的政策和发展目标应与学生的发展目标保持一致，教育管理的起点和归宿都应该是“学生的发展”，都应直接服务于学生的根本利益。教师应在日常的学习和生活中多了解学生、关心学生、帮助学生，融入学生群体，构建民主、平等、和谐的师生关系。从学生的视角体验和感悟他们的行为、思想和情感及其意义背后的动力机制。同时,乐于接受学生的监督,积极采纳学生的建议,在班级管理中体现学生的主人翁地位,尊重学生的兴趣、爱好、情感、理想和追求,不压抑学生的个性,使学生自主管理班级,进而实现自我管理。

在课堂教学中,应强调以学生为主体、教师为主导的课堂机制。教师应努力创设一种宽松、民主的教学氛围,鼓励教师与学生之间,学生与学生之间进行经常性的交流和互动,鼓励学生发表不同的见解和观点,尊重学生的想法,了解学生的需求,把讨论权、发言权、动手权交给学生,支持他们进行自主学习,培养其自学能力、探究精神与实践能力,使学生的特点和个性得以真正的弘扬。改变以往"填鸭式"的教学模式,因为学生不是接受知识的容器,他们是有血有肉、活生生的个体,不是为了获得高分而努力的"机器人"。以人为本的教育管理要求以生为本,将学生置于教育的中心,树立全体发展、全面发展、人人平等的思想,培养善问的习惯,激发个体创新的欲望,使每个学生都有机会享受成功带来的喜悦。学生参与学校管理的另一个主要渠道在于对教师的评价机制上。学生对教师的评价应该拥有直接的发言权和表决权,因为他们对任课教师的教学风格和人格品质有最感性、最直接的体会。

## 四、教育过程管理的人本化

在教育的过程管理中,强调以质量为本,即以提高教育教学质量为直接目标。而提高教育质量的根本目标又在于直接服务于教育对象即服务于学生。在提高教育质量的同时,教师的专业素养和教学水平也会随之提高,实现了自我教育和自我发展。因此,从这个意义上讲,教育过程管理仍是以人为本。

## 五、教育管理方式的人本化

以往的教育管理是突出权威——服从模式的"硬"管理,而现代管理理念则要求教育管理方以柔性管理为本。即在整个的管理系统中突出强调情感管理的核心地位。学校领导要注意师生、员工的情感满足,注重情感投资,做到"以情感留人"。教师在教学中也应突出情感投入的作用。只有教师自身投入真情实感,才能真正感受到学生的情感需要,才能最充分地调动和唤起学生的热情,使师生为一个共同的目标而努力。

总之,以人为本的教育管理精髓可以诠释为:点亮人性的光辉,回归生命的价值，尊重个性的丰富发展，共创人类的繁荣和幸福。教育管理者只有重视弘扬被管理者的个性，尊重人性，才能培养真正的人。因此，管理者转变管理理念、注重管理的人本化、关注人性的回归已经成为教育管理改革的主旋律和时代最强音。

## 第三节 以人为本教育管理创新

### 一、贯彻以人为本的校长理念

#### （一）树立以人为本的校长理念

校长是学校的法定代表人，是学校管理的主要领导者，是学校教学管理的第一责任人，校长理念直接影响和决定着学校其他人的理念。因此，校长本人要不断追求自我完善，使自身既有健康的身体和优异的心理、优秀的品德、卓越的领导才能、良好的行为规范、充足的自信心，又具有新颖的思想观念。校长应该用自己先进的理念和规范的行为去影响、教育、熏陶、帮助、管理师生员工，并获得最大范围、最高强度和最有深度的辐射，使之成为教师、学生成长的力量源泉、行动的指南、行为的准则，使之成为学校教学管理的推进器。校长以人为本的理念真正树立起来了，行动到位了，影响力加大了，以校长为代表的学校领导的观念必然会比较新颖，教学管理人员作为学校教学管理改革的具体实施者就会在新的理念指导下，坚持以学生为本、以教师为本在工作理念、工作方案、制度建设、制度实施、日常管理工作中发挥主观能动性和创造性，始终贯彻尊重人、解放人、依靠人、为了人和塑造人的以人为本的思想，从而将以人为本的教学管理落到实处。

#### （二）加强教学资源建设

树立以人为本的理念是先导，教学资源建设是基础，没有足够的教学资源，是不可能做到以人为本的，因此，以校长为代表的学校领导必须发挥“千方百计”“千山万水”“千辛万苦”“千言万语”精神，广泛筹措经费，吸纳人才，不断加强师资队伍、专业、课程、教学设施等教学基本建设工作,为贯彻实施以人为本的教学管理打下坚实的基础。[①]

## 二、贯彻以教师发展为本的理念

### (一)尊重信任教师,促进教师专业化发展

教师是高校的主体,是学生成长道路上的领航员,是实施教学活动的关键力量。高校应该通过各种方法使教师得到全面而充分的发展,并充分调动他们在教育教学工作中的主观能动性、创造性和智慧,使他们主动积极地去完成各项任务,从而为以人为本的教学管理改革奠定良好基础。

### (二)树立四个管理理念,促进教师全面发展

以人为本的教学管理既强调尊重人、信任人、关心人、依靠人、发展人,也强调塑造人,既重视自主管理,也重视参与管理,既重视情感管理,也不忽视理性的制度管理。

## 三、树立以学生发展为本的理念

以学生发展为本,是以人为本理念在教学管理中的具体运用,它强调对学生的管理要尊重学生的独立人格,保护每个学生的自尊心,帮助每个学生充分挖掘潜能、发展个性和实现自身的价值,从而促进学生全面发展。

### (一)尊重学生的身心发展基本规律与需要

让学生身心得到健康全面发展,按学生身心发展规律开展教育教学和教学管理工作,是素质教育的基本要求。因此,我们必须尊重学生身心发展规律,尊重学生的人格,尊重学生的需要,创造人性化的良好学习条件,努力,培养学生广泛的学习兴趣,使他们积极地、主动地去学习、去研究,让他们在成长的道路上自觉自愿地去探索未知领域。

### (二)尊重学生的自主选择权利

大学生身心发展已经基本成熟,普遍比较理性,有自己的理想与追求,有甄别能力,有选择能力,我们要充分尊重学生的意愿。每一个学生的知识水平、智能结构不完全一样,学生的兴趣爱好也各不相同,理想也

①邱茂凤.文化奠基育人为本——在高中校长的岗位上[M].沈阳:东北大学出版社,2015.

不尽一致，显然其选择也有差异，没有兴趣的东西，与学生理想、奋斗目标不一致的事情，学生是不会去选择的；我们应该充分信任学生。所以，教学管理各个方面均要充分尊重学生的自主选择、学生的兴趣、学生的意愿，要尽可能地创造条件，满足学生选择专业、选择课程、选择教师、选择学习进程、选择学习方式等方面的合理需求，以利于他们健康成长。当然，必要的引导是不可缺少的，但绝不是决定性的。

**（三）尊重学生发展的个性差异**

马克思认为，“人是一个特殊的个体，并且正是他的特殊性使他成为个体”。传统教学管理强调共性，忽视个性，以学生为本的教学管理强调要尊重学生的差异。尊重差异包括两方面的内容：一是承认学生的发展存在着差异性，教学就是要找到每个学生发展的起点，使学生在原有的基础上、不同的发展起点上获得最优的发展。二是承认学生发展的独特性，根据多元智力理论，人的智力是多维度的，包括言语、操作、音乐、身体动觉、知人能力、人际交往能力。教师要尽可能发展每个学生的聪明才智和发展潜能，尽力捕捉他们身上表现出来的创造力的火花，不追求每个学生各方面的平均发展，让每个学生形成自己的特色和鲜明的个性。教师要热爱学生、了解学生，根据学生的年龄特征和生理、心理差异进行教育教学。在教育教学活动中要处理好全面发展与个性发展、统一性与灵活性、共同性与个别性的关系。找到每个学生发展的起点和发展的潜能，区别指导，分层教学，而不是按统一模式去培养学生，使每个学生在原有的基础上都能得到发展。

**（四）重视学生的全面发展**

学校的目的不应该是单一的传授知识，而应该是最大限度地促进学生的发展。因此，学校应该成为学生发现自己潜能的地方，成为学生获得最大帮助的地方。在教学计划的制定、课程的设置、教学过程的管理、教学建设的实施、教学质量的评价等方面，应考虑对学生个体全面发展需要的适应和促进。在教学评价方面，不仅要关注学生的学业成绩，更要关注学生多方面的潜能，了解学生发展中的需求，帮助学生正确认识自我，建立自信。在教学过程中，要改变课程过于注重知识传授的倾向，强调形成积极主动的学习态度，使获得基础知识与基本技能的同时成为学会学习和形成正确价值观的过程。在课程结构方面，要适应不同地区和学生发展的需求，体现课程结构的均衡性、综合性和选择性。在教学内容与方式上，要加强课程内容与学生生活实际的联系，关注学生的学习兴趣和经验，倡导学生主动参与、乐于探究、勤于动手，增强课程对学生的适应性。总之，要通过教学管理促进学生的全面发展。

### （五）建立民主平等的师生关系

教学是师生双方共同进行的双边活动，学生的发展是在师生双方相互影响、相互作用的过程中实现的，不同类型的师生关系对学生人格发展的影响是不同的。以人为本的教学管理提倡建立民主、平等、和谐的人际关系。教师在教学过程中应与学生积极互动、共同发展，处理好传授知识与培养能力的关系，注重培养学生的独立性和自主性，引导学生质疑、调查、探究，促进学生在教师指导下主动地、富有个性地学习。教师应尊重学生的人格，关注个体差异，满足不同学生的学习需要，创设能引导学生主动参与的教学环境，激发学生的学习积极性，培养学生掌握和运用知识的态度和能力，使每个学生都能得到充分的发展。

### （六）开通学生参与教学管理的渠道

学生是学校的主人，是教学与管理的参与者、合作者，为发扬学生的主人翁精神，强化其主体意识，学校应充分尊重他们的权利，开通学生参与教学管理的通道，如面向学生设立“校长信箱”“教务处长信箱”，学生可通过信箱等渠道就教学管理、教学建设、教学改革进言献策。校长、处长每周都应拿出专门时间阅读学生信件，对学生提出的问题，能解决的立说立行，一时不能解决的，通过相关部门和学生会向学生做出解释；校长、处长还应经常抽出时间会见提出合理化意见和建议的学生。所有这些，都会使学生感受到自我价值的实现，极大地调动学生参与学校管理的积极性、主动性和创造性。

### （七）使每个学生获得赏识、感受成功

学生学习的成功体验，不仅可以为学生积极主动的行为提供强有力的学习动机，而且能够促进学生形成良好的学习态度，稳定其情绪情感，有助于学生远大的理想和信念以及良好的人格形成。

## 四、营造以人为本的学校文化

按照由内到外、由深层到表层的变化过程，学校文化的结构应该包括学校精神文化、学校制度文化、学校行为文化和学校物质文化等四个方面。其中，学校精神文化是学校文化的深层表现形式，是学校文化的集中体现；学校制度文化、学校行为文化和学校物质文化则是学校精神文化的基础和载体，并对学校精神文化起反作用。

### （一）学校精神文化

学校精神文化是指学校在长期的教育实践过程中，受一定的社会文化背景、意识形态影响而形成的为全部或部分师生员工所认同和遵循的精神成果与文化观念，表现为学校风气、学校传统以及学校教职员工的思维方式等，可以说是学校整体精神面貌的集中体现。

### （二）学校制度文化

学校制度文化是学校精神文化的产物，他主要包括学校组织结构和学校管理制度。学校组织结构是学校为了实现学校目标而构建的内部各组成部分及其关系的形式。这种形式将确立学校各成员之间的沟通方式、工作规范、工作范围、工作程序、行为标准以及学校管理部门与人员的权利及责任的范畴。适应学校发展要求的科学合理的组织结构，对于学校的生存与发展、学校目标的实现、学校教学质量的提高、以人为本教学管理的实施具有极其重要的意义。

### （三）学校行为文化

学校行为文化是学校师生员工在教育实践过程中产生的活动文化，是学校精神、学校作风、学校面貌、人际关系的动态体现。良好的学校行为文化，对于学校教学管理改革的影响是长期的、显著的和普遍的。

### （四）学校物质文化

学校物质文化是一种以物质形态体现的表层学校文化，主要通过学校标志、学校环境、学校文化设施等物质形式表现出来。学校标志既应突出教育的特点，更要反映本校特色，著名的高校均有自己的学校标志。

# 第四节 学校以人为本的教育管理思想

## 一、明确的办学思想是灵魂

思想是行动的先导,人的任何实践活动都是在一定思想观念、心理的支配下进行的。作为有机组织的学校,在其成长、发展的过程中,也必须有自身科学、明确的办学思想。

那么,办学思想是哪里来的?办学思想来自校长的教育思想、管理思想和对学校实际情况的客观把握。

“领导学校,首先是教育思想的领导,其次才是行政上的领导。”这是苏霍姆林斯基在多年从事校长工作的实践经验中提炼概括出来的一个十分重要的观点,也是校长管理学校客观规律的反映。如何实施教育思想上的领导呢?第一,校长必须自己要确立正确的教育思想。第二,校长要有自己的管理理想。第三,将教育思想、管理思想和学校的实际情况相结合,确立有鲜明特色的办学思想。第四,就是要善于全面正确地向教师阐述自己的办学思想,并通过多种实践途径把它转化为教师的思想。第五,要善于把自己的教育思想体现在办学的目标中,落实在管理过程行为中,重在教育实践,还要在教育实践中不断形成、强化新教育思想。[①]

## 二、清晰的发展思路是方向

发展思路是在办学思想指导下的学校发展的战略选择和战略路径,是办学思想的具体化、现实化,起着承上启下的作用,对一所学校的发展至关重要。

用科学的方法研究教育的若干问题,鼓励以新的视角、新的途径和新的思路解决教育教学中的实际问题。以教育部课题“校园网络环境下学生合作学习方式的研究”为基础,开展现代信息技术与学科教学整合的研究,研究学生的自主、合作与探究性学习,探索新课程理念指导下的教育教学改革的新举措,把高质量、高效益作为教学目标,以全新的面貌迎

①赵敏.学校管理学[M].广州:广东高等教育出版社,2017.

接知识经济时代的到来。学校发展应该以“办特色教育,育创新型人才”为发展目标,坚持高起点、高投入、高质量、信息化,坚持以教育教学改革,坚持德育为首,坚持以教学为中心,努力促进学生的全面发展。

## 三、促进学生的全面发展是根本

学校应坚持把树立正确的世界观、人生观、价值观作为根本任务,教育师生明确为人处世的准则与修身、治学的态度。大力弘扬“搏、韧、容”三种精神,教育学生勤奋好学,遵守纪律,尊敬老师,助人为乐,热爱劳动,关心集体,促进未成年人形成正确的思想道德观念,提倡“以人为本”,尊重人的独立性、主动性、首创性与合作性。

## 四、加强教师队伍建设是关键

学校应重视教师队伍建设,重视对人才的培养和使用。教师要忠于职守,要有事业心,团结合作,为人师表,对工作兢兢业业,一丝不苟,以培养德智体全面发展的人为己任。极力为教师搭建自我展示、交流与提高的平台。积极开展“骨干教师讲座”“网络教学评优”、“学科论文评选”“教学案例展示”“课件制作大赛”“卡拉OK演唱会”等丰富多彩的活动,促进教师之间的学习与交流、展示与竞技。

积极开展课题研究。在专业引领的同时,学校还引进了国家级、市区级的课题或子课题的研究项目,开展学习与研讨,组织班主任工作经验交流、班队活动展示、教师书画展览、主题队会观摩等,开设“心理咨询室”“网上论坛”,为教师教育科研能力的提高创造了有利的条件。

## 五、重视科研是学校持续发展的推动力

科研可以提高教师队伍的素质,改变教师的教育观念,提升学校的办学水平,并有助于形成自己学校的办学特色。

### (一)重视理论学习与实践反思

组织老师们进行系统的理论学习,阅读理论书籍,撰写学习笔记,每月检查,每个季度交流,每个学期评比。学校每月组织“科研沙龙”活动,要求教师每月撰写一篇教学反思,每两个月撰写一篇教学案例,每学期撰写一篇学科论文。在学习培训中开展实验研究,使教研、科研相结合,使课堂教学真正成为教学实验与课题研究的主要阵地,成为进行教学改

革、深入开展素质教育的主要途径。

### (二)重视课题研究与经验交流

学校投入大量资金为每位老师购买理论学习的书籍,组织教师学习关于“合作学习”的理论,老师们还通过网络查询并下载相关内容,然后年级组进行了汇总,学校科研室将各年级的学习汇总情况进行了比较与筛选,并将评议的情况在网上公示。带领老师结合课题召开多次研讨会,制订出具体可行的“个人研究计划”和“课题研究方案”。在课堂教学中,老师们研究教科研方法,积累网络教学的课例、课件与文本资料。

## 六、教育信息化为学校发展插上腾飞的翅膀

教育信息化不仅要充分利用网络资源,还要利用好现代化通信手段。在教师与学生、教师与家长之间搭建了短信沟通平台。校方的提醒、通知可以在第一时间到达学生和家长手中,学生在校外的情况,教师也可以随时获得,完全实现了学校、教师和家长之间的无障碍沟通,为家校合作、形成教育合力提供了坚实的保障。

# 第五章 教学艺术的基本原理及诗性活力

## 第一节 教学艺术的特点和功能

### 一、教学艺术的特点

#### (一)实践性

课堂教学艺术具有实践性,因为整个课堂教学艺术过程都是与教学实践紧密联系、不可分割的。像教师的备课,是为教师作为课堂教学艺术家的课堂表演创造活动"运筹帷幄"的,上课则是教师课堂教学艺术"决胜千里"的实践,只有取得了丰富的实践经验,才能使课堂教学艺术既合于教学规律,又合于师生的个性特长和心理特点。课堂教学是实践性非常鲜明的艺术,一切夸夸其谈如纸上谈兵者都与课堂教学艺术无缘。并且,只有在实践中不断探索而取得的成果,又经过实践检验有实际效能的,才可称得上高超精湛的课堂教学艺术。教师的课堂教学艺术的水平,是在教学实践中不断提高的。离开了教学实践,课堂教学艺术就成了无源之水、无本之木。可以说,课堂乃是永恒的课堂教学艺术实验室,而真正意义上的课堂教学艺术,只有那些在教学第一线上坚持不懈地进行探索的教师才能创造出来,也只有他们才有可能摘取课堂教学艺术家的桂冠。

#### (二)创造性

教育家第斯多惠说:"教师必须有独创性。"实践证明,创造性乃是课堂教学艺术的又一大特点。因为艺术的生命在于创造,同时最忌模式化。同理,课堂教学艺术的成败也在于创造,"踵常途、守陈规",照搬教条,无疑是课堂教学艺术的末路。教学中充满创造性,才能常具艺术的魅力。教学工作的高度复杂性决定了教学艺术的创造性。在实践中,教师面对着随时变化、千差万别的教学对象,是不能用刻板如一的现成模式去解决所有问题的。教师既不能照搬别人的经验,也不能把自己的经验年复一年地照样使用,只有靠教师因人、因事、因时、因地制宜地去创造。教学内容的处理、教学方案的设计、教学方法的选择、教学过程的组织,都需要教师灵活安排、不断创新。而只有那些进行创造性劳动的教师,才能使自己的工作有生气、有活力,常教常新,体验到教学工作的乐趣。同时,创造型的人才也必须依靠创造性的课堂教学艺术来培养。而培养这种创造型的人才靠传统的教学模式是不行的,必须依赖新的创造性的教学。换言之,只有创造性的教学才能完成现代教学所负有的培养创造型人才的重大历史使命。

### (三)表演性

教师在课堂教学中的行为,如同演员在舞台上的表演,这种表演是指一切外观行为的综合表演,即教师的衣着打扮、表情态度、身姿动作、实验操作、口语板书等。教师讲台形象塑造得如何,直接影响到课堂教学艺术的效果。在语言表达方面,在准确、流畅、富有启发性的基础上,应特别注意声调的特别意义。同时,还应注意以适当的板书、身姿、实验等来配合教师的语言表演。教师生动形象的表演可以丰富学生的感知表象,促进学生的理解和思维。优秀教师们总是把讲台当舞台,把一节课表演得生动活泼,富有艺术感召力,如同一幕扣人心弦、发人深省的话剧。教师的表演,关键要能动情感人。这就要求教师首先要对教学内容有深刻的情感体验,对教学对象有真挚的热爱之情,这样才能在教学表演中进入角色,产生"移情"效果。但要注意表演要适度,做到质朴自然、恰到好处,毫不矫揉造作。同时,课堂教学艺术的表演性服务于教学目的,所以教师在教学时要注意有效地支配情感,而不是被情感所支配,特别是不良情感的支配。教师的课堂教学艺术表演还应注意与学生的密切配合,要采取适合学生接受的方式,要考虑到不同年龄学生的特征。有时教师还不能只当演员,更应作为导演,给学生的才华以较多的表现机会,让学生参与到课堂教学艺术创造活动中来,师生双方在教室这个舞台上共同演出精彩的剧目。

### (四)审美性

课堂教学艺术的美是内在美与外在美的有机统一。课堂教学艺术的内在美主要是指教师所讲授的教学内容富有科学美;课堂教学艺术的外在美主要是指教学表达的形式美,诸如字字珠玑、抑扬顿挫的教学语言美,层次清晰、简洁明快的板书美,水到渠成、天衣无缝的衔接自然美,有张有弛、劳逸结合的教学节奏美,起伏有致、疏密相间的课堂结构美,启发诱导、虚实相生的教学方法美,突破时空、回味无穷的教学意境美等。正如美国的克莱德·柯伦所说:"当教师更多地懂得了美的素质怎样深入人心的生活,当他们能够有意识地来完善、扩展这种美的体验方法时,他们也就踏上了课堂教学艺术之路。课堂教学艺术的审美性特征,要求教师必须具备相当深厚的审美修养,既有感知美、发现美的能力,又有丰富的审美情感和审美能力,更能有效地在教学中遵循美的规律创造性地进行教学,并有意识地培养学生的审美能力。"①

## 二、教学艺术的功能

### (一)陶冶功能

由于课堂教学艺术情理交织的特点和感染力很强的审美形式,使之形成鲜明的情境性和非理性因素,具有不可忽视的全方位的潜在教育功能。例如,融洽民主的师生关系、生动活泼的教学气氛、频繁多向的人际交往、教师出色的课堂表演等,这些都在向学生潜移默化地渗透着理性教育,给他们留下持久性的深刻印象。正如人们说的,"只有在潜移默化中受到的教育,才能起到滴水穿石的作用"。成功的教育是学生没有感到受教育,却受到了难忘的教育。课堂教学艺术的陶冶功能,在于有效地淡化了教育痕迹。在高超精湛的课堂教学艺术中,那"无为"的表象深层尽是"有为"的匠心。但是又不露任何斧凿的痕迹,给人以"无为"的自然感受,让学生在不知不觉中受到深刻的教育。课堂教学艺术的陶冶功能,还在于教师自觉地增强了教书育人的意识。为了使教育深入学生心灵,教师加强自身修养,以其高超的课堂教学艺术渲染了情绪高涨的教学气氛,创造出引人入胜的教学情境,有效地激励学生学习的动机、兴趣、情感、意志等动力系统,使课堂教学始终充满着紧张、活跃而又愉快

①陆平. 于永正语文教学艺术研究[M]. 福州:福建教育出版社,2018.

的智力活动。课堂教学艺术高效的陶冶作用,是教师有意识而又不动声色地施加定向教育影响的结果,它根本不同于没有明确导向的、盲目而自发的教学环境对学生的潜在影响。

### (二)转化功能

教学的实质就是引导学生把人类已知的科学真理转化为学生的真知,把知识转化为能力。课堂教学艺术高效率的转化功能,标志着教师本质力量的对象化。因为精湛的课堂教学艺术,可以迅速高效地完成知识的传授、技能的培养、智力的开发和品德的形成等教学任务,它以适应学生全面发展的特点为前提,马上转化为促进学生全面发展的因素。可以说,在课堂教学中,历史文化的脉搏跳动得最为强烈有力。人类几千年所传承下来的精神文明,正像静脉输血一样源源不断地注入青少年幼小的心灵,并迅速地转化为个体认识世界、改造世界的巨大力量。课堂教学艺术转化功能的实施过程,使其具备了其他艺术创造过程所不可比拟的重大意义。在转化过程中,教师高尚的品德、宽阔的胸怀、渊博的知识、卓越的个性,都像画家的如椽巨笔,无时无刻不在勾画着学生完美的形象,根据每个学生的特点,将璞琢成玉,将铁炼成钢,导引学生从今天的“我”走向明天的“我”,最后使之成为各种各样有用的人才。当然,课堂教学艺术的转化功能并非神秘的、不可捉摸的,而是受主客观条件制约的、有其内部规律可循的。这就要求教师做一个教学理论的自觉探讨者,对影响教学转化的主客观条件和内部机制及其客观规律有比较深入的了解和掌握,以便及时地感知并准确地把握转化的最佳契机,使课堂教学艺术的转化功能释放出最大的能量,取得最优的教学效果。

### (三)谐悦功能

课堂教学艺术能够以轻松愉悦的方式激发学生的学习兴趣、促进学生乐学,并进而丰富学生的情感和精神生活。宋代教育家朱熹曾引用程颐的话说:“教人,未见意趣,必不乐学。”吉尔伯特·海特在其《教学的艺术》一书中也谈到了课堂教学艺术的谐悦功能,他说:“如果我们不能获得一声发自内心的笑,那么这一天的教学就白费了。”听一堂好课,我们通常用“如沐春风”来形容,春风吹在人们身上使人感到温暖、舒适。教师尽可能温和一点儿、轻松一点儿、形象一点儿,有时候来点儿幽默,非常有利于教学的进行。教学的情趣化乃是构成课堂教学艺术谐悦功能的重要因子。教学中的例题巧解、妙语连珠、体态情趣、幽默插曲、摹态拟声、故错解颐等,均是有效地解除疲劳、使学生乐学的“兴奋剂”。有的教师正是看到情趣化教学的谐悦功能,才生发出“好不如妙,妙不如迷”的深刻见解。因为课堂教学艺术的谐悦功能,从多方面影响着学生的学习,如可以消除由紧张的思维活动带来的心理疲劳,调节由单调重复的学习活动带来的生理疲劳;淡化情绪生活中的焦虑水平,恢复业已倾斜的心理平衡等;使得课堂教学艺术在一张一弛、劳逸结合中获得寓教于乐的功效。正是因为课堂教学艺术的谐悦功能多方面影响着学生的学习,所以才使学生感到“学而时习”的愉悦。

**(四)整体功能**

课堂教学艺术是一个相对完整的系统,它是依靠其整体发挥巨大的教育作用的。课堂教学艺术是一门非常综合的艺术,它融各种艺术表现手段于一炉(线条、色彩、语言、音响、节奏、造型等均为课堂教学艺术所用),以大量的信息全方位地诉诸学生的视觉、听觉、触觉等多种感觉器官,直接影响到学生的品德、知识、技能、智力、个性和审美等方面的发展。可见,课堂教学艺术的这种整体功能,是不可分割的有机组合。课堂教学艺术整体功能的发挥依靠其内部结构的最优化组合。如教师和学生的知识结构互补,师生关系融洽,教学内容与教学方法相应,知识训练序列与学生思维认识能力一致,备课、讲课、评改、辅导、考试等各个环节密切配合,这样就构成课堂教学艺术内部结构的最优组合,必能使课堂教学艺术发挥出巨大的整体功能。相反地,如果教学系统内部各部分只是孤立地、静止地存在着,或者组成了一个彼此冲突的结构,那只能使其整体功能大量内耗,而不能取得预期效果。

## 第二节 教学艺术的同频共振规律

课堂教学艺术的同频共振规律,是指当教师的课堂教学艺术与学生的思想认识达到同一“频率”的时候,师生之间就会产生思维、情感、活动等方面的“共振”或“共鸣”。这主要表现在以下几个方面。

## 一、思维共振

所谓思维共振，是指师生在课堂教学艺术交流过程中，双方的思维处处呼应、时时合拍、步调一致、达成共识。实践证明，教师的思维活动对学生的思维活动有着直接的影响。也就是说，师生思维共振的先决条件，便是教师首先做一个积极的思考者。怎样才能引起师生的思维共振呢？关键是创造师生思维的“同频”条件：①要搞清教材编者的思路。编者的思路是思维线索和思维方法。②要熟悉学生的思维实际。学生平时思考些什么问题，使用的思维方法和思维习惯中的特点，思维态度的倾向和思维活动的准备状态等，教师都应了然于胸。③要精心设计课堂教学艺术的思路。教师在进行教学构思时，应注意教学思路与教材思路和学生思路的合拍，恰到好处地在关键之处拨动学生的心弦，从而诱发师生的思维共振，产生智慧绚丽的火花。①

## 二、情感共鸣

所谓情感共鸣，是指师生在课堂教学艺术交流过程中，双方的情感高度一致，共处于兴奋激动的状态。前苏联著名教育家苏霍姆林斯基曾说：“教育过程表现在教育者与被教育者精神生活的一致性，即他们的理想、目标、兴趣、思想、体验的一致性之中。”优秀教师总是想方设法与学生在课堂教学艺术交流中达到“情感共鸣”。情感共鸣的产生，需要在教师与学生之间有相同或大体相近的思想感情和心理经验基础。感情一致是共鸣的最主要的前提。而教师的情感需要有节制地抒发，教材中的情感需要充分挖掘和体验，学生的情感需要调动和激发，至于如何将三者在课堂教学艺术交流过程中巧妙地统一起来，则是一种高超的课堂教学艺术水平。教学实践充分证明，只有情感丰富的教师，运用情感性教学手段，才能有效地激发学生深厚的情感，达到情感共鸣。

## 三、活动默契

所谓活动默契，是指师生在课堂教学艺术交流过程中，双方的活动达到同步互动、默契协调，在共同合作下进行课堂教学艺术的创造，因为教

---

①李如密．教学艺术论[M]．北京：人民教育出版社，2011.

学实际上就是一种师生双方的互动。实践证明,教学互动或互动中教学是共振的最好方式,教学互动是教学共振的一种具体体现,它能使教学效率和效果达到最佳状态。所以,教学活动的同步互动、默契协调,也是课堂教学艺术交流达到同频共振的表现之一。著名教育家巴班斯基认为:“只有在师生积极的相互作用中,才能产生作为一个完整现象的教学过程。”也就是说,师生两个积极性的充分发挥与协调配合,是教学活动默契的重要前提条件。所以优秀教师总是致力于师生两个积极性的调动与结合,在课堂教学中注重教学双方互动,师生之间“心有灵犀”、默契配合。教师高超的课堂教学艺术,可以引起学生的“同频共振”;而这种境界的实现,正是师生间经常进行心灵交流的必然结果。

## 第三节 教学艺术的诗性活力

### 一、理解课堂教学中的诗性活力

对于什么是课堂教学的“诗性活力”,我们并不能用概念的方式加以界定,原因在于,“诗性”本来就是一个比较模糊的词语,“诗性”所蕴含的丰富性使得我们必须从多元的视角理解“诗性活力”。

诗性可以被理解为一种智慧类型,亦可以指一种思维方式。说诗性是一种智慧类型,亦即“诗性智慧”,“诗性智慧”就是一种基于敏锐的“感觉”、丰富的“想象”、独特的“创造”和高尚的“审美”综合而成的智慧类型,也是人类最初的智慧形式。只是后来随着人类对理性智慧的倍加推崇,逐渐淡化和弱化了诗性智慧的价值。说诗性是一种“思维方式”,亦即诗性思维,是指那种不具有清晰的、严格的逻辑形式的思维方式。它以带有感性形象的符号为表征手段,从而与逻辑思维相区别或对立。

作为一种相对独立的、特殊的思维方式,诗性思维是一种以己度物的思维方式,亦即是人凭借自己的心理经验来体会外在事物。在人类早期思维不发达的情况下,这种以己度物的思维方式大大地丰富了人的感性生命。由于思维摆脱了绝对的理性认识活动和逻辑思维规则,诗性思维不是通向概念的方式,不指向任何确定无疑的知识。它所要捍卫和实现的，是主体精神创造性的地位和权利。既名之诗性思维，也可以从“诗”的特征中来把握这一思维方式的特点。

一方面，诗性思维是一种整体性思维。若将部分与整体剥离开来，其意义也就荡然无存了。尤其是人的感想情绪，是无法被肢解的，一旦被肢解，就会支离破碎，无法辨别。诗性思维是出自人的整体即感觉、想象、智性、爱欲、欲望、本能、活力和精神等整合而成的主观的心灵世界。另一方面，诗性思维强调思维中极度的情感投入。没有真实、浓烈的情感投入，是很难称得上具有“诗性”，也就不易形成诗性思维。由此可见，诗性思维是整体性思维而非分析性思维，也是典型的情境性思维而非“去情境化”的思维，更是伴有浓烈的情感投入而非十足的理性克制的思维。①

## 二、课堂教学诗性活力的生长点

在某种程度上，教学活动虽然是人类共通的社会活动，但不同民族的教学活动都孕育于各自的文化传统之中，这就形成了特色各异的、契合各民族自身特点的教学活动类型和教学思维方式。在我国，以课堂教学为主要途径的学校教育，是在深厚的本土诗性文化的濡染下长久积淀形成的，也就难免深深地烙上了本土诗性文化的印痕，同时，儿童自身的诗性特征也无形地增添了教学活动的诗性色彩。

### （一）本土的诗性文化是教学诗性活力赖以存在的丰厚土壤

中国文化带有强烈的诗性特征，这不仅仅因为诗性文化在中国传统文化中有着较成熟的发育，也是由于诗性思维是中国古代思想家和哲人重要的思维方式。这种诗性特征深刻地映射到教学理解与教学活动当中，就无形地引领着诗意化的教学生活，也使得更为具体的教学活动烙上了深深的诗意化特征。如果把教学简化为“求真、向善、崇美”，本土的诗性文化的孕育下的教学重心更趋于向善和崇美，这其中也不忘求真。这一切都指向师生内心的和谐而非一味地追求外部世界控制与外在符号的获取。教学更多的是在师生共同的理解、感悟、内省之中达成情感共鸣，教学方式更多的是“润物无声”的漫染过程。即便是知识的学习，也追寻不抽掉个体生命的丰富性和私人性之下形成的“鲜活感”。因此，

①李丽．课堂教学艺术新论[M]．北京：现代出版社，2016.

本土的诗性文化所孕育出的教学重视个体自由、差异，注重教学中的师生双向的情感投入，希冀融教学中丰富的想象、敏锐的判断和高尚的审美于一体，并且所有这一切都直指师生人性本真。所以，在教学目标上更注重基本文化知识之上的师生内心的和谐统一；在方法上不很注重形式化的花样翻新而更加注重向内的涵脉体悟；在教学内容上具有以圣人编纂的经典为主要教学素材的内容选择取向；在教学设计上侧重挖掘不同学科所蕴含的诗性意蕴以及在评价方式上关注个体差异的包容性评价，这都是诗性活力所折射出的教学魅力。

如果说这种诗性文化中也注重理性的教育，那么“在诗性文化中，其‘情’本质上是一种‘诗化的感性’，其‘理’则是一种‘诗化的理性’。以诗性智慧为母体的中国文化心理，既不会走向高度抽象的西方逻辑系统，也不容易走向西方非理性的欲望狂欢。这是中国诗性文化最重要的现代性价值所在”。因此，本土文化的诗性特征极大地影响了本土教学文化的发育，教学的诗性活力以极大的人文优势，为我国传统教学增添了无尽的韵味，也造就了春秋诸子百家的诗性哲学思想、唐诗宋词为鼎盛标志的诗性文学巅峰和孔、孟为代表的诗性教学思想成就，这一切都植根于本土丰厚的诗性文化当中。

### （二）汉语的诗性优势是生发教学诗性活力的重要载体

如果说我们的教学活动真有什么独特之处，那就是以独特的汉语言作为基本载体的教育活动。美国学者芬诺罗萨（Fenollosa E F）在讲到中国文字时说：“诗化之文字，有若繁音协奏，叠响震曳，有若铜山东崩而洛钟西应，众力辏聚，不期而自然。惟在中文，此诗化之美质，乃臻于极，所以然者，其隐喻昭然可睹也。”在此意义上，汉语的诗性优势不仅体现在汉字与文化的血肉同构上，而且也渗透在汉语的诗意显现与情智化的运用之中。由于汉字形象与意象间构筑的美丽空间，人们便可去沉思冥想，追思遐想，诗性文字营造的想象也随之在这条诗意的缝隙中延宕。

在汉语的情智化运用中，从语言表层并不能直接深入言说者的内心世界，听者不仅要捕捉语言传达的基本信息，也要“体悟”和“玩味”语言蕴藏的言外之意。学者张桃洲概括道：“汉语简约而富弹性的语词，以及随之而来的自由随意的句式和蕴藉含蓄的语义风格，加上充满动感和暗喻性的象形文字，使得汉语从词汇组合到章句构型上都十分符合汉民族人文和思维性格。”汉语的诗性优势使得教学活动在围绕着演讲、解释、讨论、提问、回答、阅读、写作、聆听等语言活动而展开时，就成为生发教学诗性活力的重要载体。“教学从思想—教学的生命之源，到表达—教学的基本方式，到理解—教学的本质意义，到真理—教学的终极目标，这些教学须臾都离不开的因素须臾也离不开语言，而且教学从开始到结束，从起到终，都依赖语言而发展着。”因此，汉语的诗性特征就是使得以语言为思想基础和交流工具的教学活动蕴含着深深的诗性活力与品质。

**（三）儿童的诗性特征是释放教学诗性活力的逻辑起点**

毋庸置疑，儿童具有鲜明的诗性特征。极具探究精神的好奇心，语言之中充满着创新和灵性，身上还留有较为原始的思维习性，略带野性且旺盛的生命活力，这都是诗性特征的最好诠释。法国思想家卢梭曾说过：“大自然希望儿童在成人以前就要像儿童的样子。如果我们打乱了这个次序，就会造成一些早熟的果实，它们长得既不丰满也不甜美，而且很快就会腐烂：我们将造成一些年纪轻轻的博士和老态龙钟的儿童。儿童是有他特有看法、想法和感情的；如果想用我们的看法、想法和感情去代替他们的看法、想法和感情，那简直是最愚蠢的事情。”教学的前提就是要对儿童的诗性特征有所洞察和把握，然后在此基础之上开展适切的教学活动。

儿童自身具有天生的创造精神，纯洁且敏感的心灵不仅需要教学活动去濡染，更需要教学活动中的细心呵护。在唯理性主义的驱使下，教学过度追求教材体系的逻辑化，教学知识点的细密化，教学过程的程式化，能力训练的层次化和考核的标准化等，放大的教学理性榨干了儿童特有的诗性，冰释了儿童独有的人情、人性、人伦意向，结果对生命力的美好感受就被取代了。“一种良好教育的优异成绩就是造就一个有理性的人，正因为这个缘故，人们就企图用理性去教育孩子，这简直是本末倒置，把目的当作了手段。”对事物的本质不是以生命去感受、去体悟，而是用知识去测量，把儿童从诗性世界引向逻辑领域，这造成了其内在生命的压抑与折损。殊不知，儿童的诗性特征是释放教学诗性活力的逻辑起点，也是教学最终要达成的人性完满丰富的重要方面，形成诗性和理性集于一身的人，才是教学追求的最高境界。

### (四)教师的诗意性存在是激发教学诗性活力的有效动因

教学是一门科学,也是一门艺术。教学是科学,意味着教师的专业生活是一种需要理论、规律、原则、方法等教学理性支撑的活动;教学是艺术,就意味着教师的专业生活既是有规律可循,也是"按照美的规律去建造"的艺术活动,而且是一种渗透着诗性智慧的艺术化活动。教师的诗意性存在,一方面通过教学活动,教师自身激发了想象、收获了创造、享受了美感、触动了情思、提升了境界,另一方面也让教学活动更加富有人性,使学生得到诗意的滋养。双向生成的教学共振,和谐地营造着教师诗意的生存状态,是将教师置于一种人性的美善之中。

教师的诗意生存诠释着教学不再是一种"硬性的改造",而是一种"柔性的营造",这期间充满着对心灵的倾听与灵魂的感召。诗意的存在是以精神卓越为追求目标,是指教师不断地创造着教学生活新的节律、色彩和图像,使自身永远处于生生不息的审美之中。诗意生存不仅指教师的生存状态是在一种诗意的情调当中,尽情地感受教学的韵味,也富有激情地提升着教学的品位,更是不断地完善自我教学境界的理想放飞过程。诗意的教学生存,不断诠释着教学生活的无限可能和无限创造,超越自我是教师的常态表现。诗意存在所营造的教学空间不再是"一维"的理性空间,更多的是多维混合下的"心理空间""情感空间"和"人际空间"协同共生。教师的诗意存在过程更是在完美理想的召唤之下完成的,此种完美理想就是在"现实的教学世界或许总是有缺憾,但所幸的是人们的理想永远美满"的感召之下所进行的追求崇高与卓越而生成的创造性意向。诗意的存在摒弃了"单向度的人"所造就的"单向度的教学生活",促使教师成为激发教学诗性活力的践行者和守护者,也使得蕴含诗性的教学生活成为教师可能的专业生活。因此,"当我们知道诗意时,我们就能够在任何情况中体验到,我们非诗意地居住着,和在何种程度上非诗意地居住着,我们是否和何时将会达到转折点。当我们注意诗意时,我们也许只能期待我们的行为和意愿能够参与这一转折,只有我们自己证实,如果我们认真地对待诗意"。

## 三、走出缺乏诗性活力的教学困境的方法

在当前的教育变革当中,关照课堂教学品质的深度变革已成为众望

所归的共识。提升课堂教学的品质就是要释放教学的诗性活力替课堂“松绑”，营造和谐的诗性课堂教学氛围，让课堂教学成为润泽生命的活动。如何让师生“诗意地栖居在课堂中”是亟须探索的本源性问题。教学的诗性活力，就是那种能感觉到趣味和美的存在的教学活动的本真魅力。

### （一）让课堂回归富有诗性的教学生活

诗性的教学生活就是让课堂不仅成为获取知识的平台，也是学生享受教学、润泽心灵的理想场所。在这个场所中，师生有着无穷的创造活力和动力，教学充满着多种可能。在不破坏知识本身的逻辑属性和科学性的前提下，课堂洋溢着“有温度”的人性光辉，师生都以极其真实的情感投入融入其中，外在的要求“旁落”到其次，教学方法的运用也不再是死板、教条地照搬和套用。激发富有诗性的教学活力就是要还原课堂本应有的诗意、灵性、神秘、激情、浪漫、朦胧、美感的魅力，让学生能从课堂中获取教学本身所拥有的“高峰体验”，让教师的“教”不再过度挤压学生的想象和审美空间，学习是在外铄和内化的双向活动中共同完成。诗性的课堂允许学生自己咀嚼、回味、体悟、消化与吸收，而非教师一味地传输与无休止地讲解。

### （二）以特有的诗性智慧建构和谐的师生关系

和谐是一种事物完美、协调的存在形态，也是心理产生愉悦、满足的前提。师生关系的诗性和谐不是师生简单地拼凑在一起的教学组织形式，而是一种“形散神聚”的心灵凝聚。以诗性智慧构建的师生关系“和而不同”，相互包容，彼此欣赏。师生的交往中并不单纯地借助教学中的概念、判断、推理、原则、规律等理性知识为交往中介，同时更加倚重于师生双方的情感、体察、顿悟、情绪、想象、回忆等心理反应为纽带，师生双方的直觉、感受、敏感、童心、灵性和喜怒哀乐渗透师生关系当中并产生积极的情感共鸣。

### （三）用美的视角诗意性地策划课堂教学

诗性的教学策划就是在教学中全面考虑到学科知识、学生和教学活动本身蕴含的诗性特征，充分酝酿具有情趣、具有美感、具有诗意的教学情境。教师要以儿童特有的诗性作为教学的依据，把学科蕴含的诗性还给学生，让学生沉浸在学科的韵味当中。

**（四）让真挚的教学情感成为诗性活力的催化剂**

教学情感是一种特殊情感，它聚合了教师对教育的深刻理解，倾注了教师对儿童尚未成熟但极其敏感的内心世界的洞察，吸纳了师生对知识本身的感悟，也寄托着师生对课堂教学的期望，因此，教学活动中真挚的情感就显得格外重要。“情以物迁，辞以情发”。真挚的教学情感是诗性教学的催化剂。当师生能够达成高度的情感共鸣时，也就预示着教学诗性的逐渐逼近。教学情感不仅是教学要达成的“一维目标”，也是实现其他教学目标的保证。

# 第六章 现代课堂教学准备、导入和语言艺术

## 第一节 现代课堂教学准备艺术

备课是教师上课前的准备工作，是教师教学工作的起始环节。教师备好课是上好课的前提，是加强教学计划性和预见性，充分发挥教师的主导作用，提高教学水平与质量的重要保证，只有课前充分的准备，才能写出高质量的教案，确保上课的成功。备课的艺术主要研究：熟练驾驭教材、深入了解学生、灵活选用教法、精心编写教案等内容。

### 一、熟练驾驭教材

教材是教师进行教学活动的主要依据，也是学生进行学习活动的主要基础，它是师生完成教与学双边活动必不可少的媒体。教师对教材的理解和掌握程度，直接影响到教师的教学效果。所以熟练驾驭教材是对教师的基本要求，是备好课、上好课的前提。

#### （一）认真钻研教材

钻研教材，简单地说就是要弄懂教师“教什么”、学生“学什么”、教师“怎样教”和学生“怎样学”的问题。认真钻研教材是熟练驾驭教材的基础。教师只有对教材内容钻深吃透，才能对传授的知识了然于心，真正领会教材的精神实质。

1.钻研教材的内容

钻研教材包括把握课程标准、钻研教科书、阅读教学参考资料三个内容。

（1）把握课程标准

课程标准是教学的指导性文件，它体现了国家对本门学科在培养规格上的统一要求。一般简要地规定了本门学科的教学内容，教学目的、

任务，知识范围和体系结构，安排了教学进度，划分教学时间，就教学方法提出了一些基本要求和建议等。它是编写教科书和进行教学的重要依据。把握课程标准可以使教师：①整体上了解本门学科的教学目的、任务，从而正确把握备课的方向，使备课能体现总的目的要求；②从整体结构出发，掌握本门学科的知识体系，了解各章节的地位和作用及相互之间的内在联系，从而正确把握章节要领，统筹兼顾、全面安排，突出重点、照顾一般；③课程标准还对教学方法逐章提出了基本要求和建议，如运用哪些直观材料，做哪项实践、进行哪些参观等。

弄清了这些，才算初步吃透了课程标准的基本精神，为钻研教材打下基础，才能在备课与讲课中有正确的指导思想。但课程标准只是一个大纲，还不是向学生传授知识的具体内容。所以，教师还要钻研教科书。

(2)钻研教科书

各科教科书为教学提供了具体材料，是教和学的主要内容。因此，钻研教科书是钻研教材的最重要的环节。怎样钻研教科书？在掌握课程标准的基础上，以课程标准的基本精神为指导。

第一，对教科书进行通读，力求从全局的角度，了解教科书的基本脉络线索和编排体系，体会编者的意图。研究它的科学性、思想性和系统性，以便向学生传授规律性的知识。通读教科书，要精心认真，细致切实，从头至尾，细细研究，把每章每节以至每个细节都要看过。不能只是泛泛浏览，浮光掠影地看一遍，就算完事。通读教科书，要做到初通要略，对教科书的基本思想、基本内容、基本概念，以及重要原理、定理、公式、法则等，都要有一个概括的了解，并在思想上构成体系。

第二，根据各部分教材的不同属性和特点，将基础知识和基本技能进行初步排队，并掌握其思想教育的因素，确定整个教材的重点，难点和关键。研究教材的深度和广度，明确哪些内容尚缺乏完整性，需要加以补充；哪些内容需要进一步发挥，强调其特殊性；哪些内容还需要进一步探讨，加深理解；哪些内容需要进一步设计，充分发展学生的智力和能力等。

(3)正确使用参考资料

教师在深入钻研教科书的基础上，要广泛地阅读教学参考资料。一般来说，教学参考资料是教科书的补充，它为教学提供资料和方法，有的还提供丰富的教学经验，对教师理解教材，明确教材的重点、难点，解决教材中的一些实际问题，都有参考价值。教师阅读教学参考资料的目的在于更好地掌握教科书，并从中选取一些有关资料，作为教科书必要的补充，充实教材的内容，或者从别人的经验体会中吸取营养，以弥补自己的不足。近几年来，有关中小学各科教学参考资料日益增多，除各科教学参考书外，还有许多教材分析、教学建议、教案举例等。要注意的是，对教学参考资料，必须是在充分熟悉教材的基础上有选择地使用，切不可照搬照抄。尤其是有关的教学步骤和教学方法，决不能机械模仿。许多特级教师和优秀教师设计的教学步骤和选择的教学方法固然是先进的，值得我们学习，但是任何优良的教学步骤和方法，都是根据教学目的、教学内容和教学对象即学生实际而精心设计的，没有一成不变的模式。教师在备课时一定要从学生的实际出发，有选择地吸取参考资料上的内容，做到参考资料为我所用，而不要让参考资料束缚住自己的手脚。

2. 钻研教材的步骤

（1）懂

“懂”就是对教材的基本思想、基本内容、基本概念以及每一个字，每一句话都弄清楚。这就要认真地通读教材。通读不是浮光掠影、走马观花，而是了解课文大意，从课文的标题到思考题、练习作业都要读，包括插图，生字、注音、注释以及附表等都不能放过。教师应该以科学的态度来对待科学知识的传授，对教材的每一句话、每一个词都要认真地研究，弄清楚它的含义；对每个概念原理定律、公式都要弄通；对每一个例题、习题，每项实验都能解答和操作。总之，“懂”这项工作必须做到精细切实，要把每一个细节都搞清楚，否则不仅会闹出笑话，而且将贻害学生。我们传授给学生知识诚然重要，但更重要的是通过言传身教，培养学生具有科学的态度，教育他们现在以科学的态度学习科学文化知识，将来以科学的态度来对待自己的工作。科学的态度最重要的是实事求是。在教学中不懂就是不懂，请教别人或查阅书本后，真正弄懂了再教给学生。

（2）透

“透”就是对教材不仅要弄懂，而且很熟悉，能够运用自如。这就要求教师要对教材进行精读细钻。首先,要了解每一章节在整个教材中的地位和作用,章节与章节之间的相互关系,并掌握每一章节的层次结构、内容和观点,了解整个教材的组织结构,明确教材内容的来龙去脉,弄清重点、难点和关键。其次,要从教材的整个结构出发反复思考,力求做到突出重点,抓住难点,前后联系,逐步深化。这样,在教学中,才能掌握整个教学内容的要领,对教材加以合理的布局,使之更能符合学生的认识规律易于接受;才能领会教材的论点、论据,并找出观点和材料间的内在联系,了解教材的科学性和思想性;才能明确教学目的,教材的深度、广度,确定"双基"要求,以便进行精讲多练。有经验的教师对所教学科有哪些基本概念,哪些演示实验,哪些学生实验,哪些定义定理、名词术语是新出现的,全书围绕什么问题或哪几个中心问题编排等,都清清楚楚,了如指掌。

(3)化

"化"就是教师的思想感情和教材的思想性、科学性融化在一起。达到了"化"的境界,就算是完全掌握了教材、精通了教材。这就要求教师要对教材进行熟读体验,熟读成诵,反复推敲,使之融会贯通,能够举一反三。这是一个消化吸收的过程,如同蜜蜂采集花粉酿蜜一般。在熟读的基础上,一定要勤于动脑,善于提出假设,多问几个为什么,甚至不妨钻点"牛角尖"。总之力求把知识的各个部分,以至每一个细节都弄明白,真正化为自己的东西。对于课本的例题、习题等,必要时还要自己先动手做做。这样就能在备课中做到根据教材的深度和广度以及学生的实际,找出学生学习中哪些地方存在什么困难,如何在讲授时加以注意,布置作业时,做到既有重点又有代表性。这样,在教学时才能摆脱对现成教材的机械搬用和转述,避免照本宣科;才能在讲授中运用自如并凝聚和贯注着教师真实的思想和感情,使学生接受起来既亲切自然,又便于消化理解,在头脑中留下深刻的印象。所以,教师钻研教材是无止境的,一定要精益求精。

总之钻研教材要做到,既能钻进去,又能走出来。钻进去,就是要领会教材的精华,全面准确地掌握教材的知识内容。走出来,就是讲课时能够由浅入深,深入浅出,左右逢源,灵活运用。

## (二)灵活处理教材

所谓处理教材,就是教师在钻研课程标准和精通教材的基础上,根据自己的体会和教学实践经验,结合学生的知识水平和年龄特征以及实际需要和安排技巧,把教材内容按教学法的要求进行精心组织。如分配课时、设计布局、组织课时等。处理教材是备课的重要工作,具有较高的艺术性。

1.通读精读、多读(精通教材)

处理教材的首要工作是精通教材,而精通教材必须阅读教材及与教材有关的书籍。这项工作可以分为三个层次:通读、精读和多读。

(1)通读

通读是指把教材通读一遍,不论哪个年级的任课教师都应该如此。通读的目的,是对教材内容有一个比较全面、系统地了解,从而领会教材的精神,理解教材的编写意图,发掘教材的内在联系。

(2)精读

精读就是对所授教材细心阅读,反复咀嚼,大至教材内容脉络,小至概念,一字一句都要认真领会,仔细推敲。

(3)多读

多读就是多读参考书,读书的范围尽可能广一些、深一些,这是一项长期的、艰巨的备课工作。多读的目的,是为了便于处理教材和丰富自己的知识,也就是常说的“一杯水”和“一桶水”的关系。

2.明确目的,把握“三点”

一堂课究竟要解决什么问题,这就是教学目的。问题解决到什么程度,这就是教学要求。如果教师心中无底,学生必然稀里糊涂。因此,处理教材时必须明白每章、每节、每课时的目的和要求。

所谓“三点”,是指教材内容的重点、难点和弱点。准确把握“三点”,应该做到:①目的不宜太多,要求不必过高;②统观全局,确定重点;③化难为易,分散难点;④防患未然,杜绝弱点。突出重点是为了达到教学目的;攻克难点是为了突出重点而扫清障碍,疏通思路;杜绝弱点是为了突出重点或攻克难点而少走弯路,或避免误入“歧途”。有些教材内容既是重点,也是难点,又存在若干弱点。总之,在处理教材时,教师要认真把握“三点”,才能更好地完成教学任务,提高教学质量。

3.权衡轻重,有所增删

(1)有所轻才有所重

所谓轻重,涉及知识内容、活动时间和教学手段,这些都要根据教材的性质而定。教师在处理教材时,应该分清主次,详略得当,否则难免造成平淡枯燥的后果。必须指出,处理教材时权衡轻重,不能以教材文字篇幅长短为依据,即使教材占的篇幅较大,但是学生能够自学理解的内容仍然可以从略。有时教材叙述不多,虽然一两句话,学生不易理解或前后教材有密切联系,处理时不可从略,反而应该强化。

(2)增要慎重,删要放心

写书人有写书人的观点和技巧,讲课有讲课者的艺术和风格。因此,处理教材必须有所增删。要慎重考虑增补内容的深度,决不能认为超越教材越深越好,否则就会加重学生的学习负担。对于那些学生自学可以理解的内容,要相信学生,善于"割爱",消除"不讲不放心"的顾虑,大胆删去不讲。应该明白"不讲"不等于"不要",更不等于"放弃"。

4.琢磨深浅,考虑宽窄

在处理教材时,教师应该遵循这一规律,根据学生的年龄特征和知识水平,正确掌握知识的深度和广度,做出恰如其分的安排。

(1)深有限度,浅有分寸

所谓深度是指某一知识纵向发展的深浅程度。所谓深,是相对而言,因为不同学生接受知识的能力有所不同,所以在某一阶段只能达到某种程度,才能使多数学生能够接受,因而知识的深度是随着学习阶段的不同而不同。所谓浅要有分寸,不是越浅越好,而是深浅适度,由浅入深。更不能以假乱真,违反科学原则,把错误的知识说成是"由于学生不知,只好将错就错"。因此,在处理教材的深度上,千万不能把知识的正误问题和深浅问题混为一谈,贻误学生。

(2)宽有范围,窄有尺度

所谓广度,是指某些知识横向联系的宽窄区分。所谓宽,并非漫无边际,而是有一定的范围。通常要求学生能举一反三,触类旁通,但不能是一切能"反",所有皆"通"。所谓窄要有尺度,并不是学一知一,学二知二,一切依靠机械记忆。窄与宽是相对而言的,考虑教学内容不能太宽,也不宜太窄,举一反三,触类旁通,就是针对知识不能太窄而言的。

5.解决教材顺序和教学顺序的矛盾

教材编写者有他们的考虑,教学设计者有自己的构思,这两者的思路不尽相同。一般来讲,编写教材时应考虑教学顺序,进行教学时应遵循教材顺序。但是,编写教材时有其文字叙述的系统性和教材内容的逻辑性,而教学中根据学生的实际情况和教学艺术性,通常教学顺序与教材顺序发生矛盾。教师在处理教材时应该认真考虑,恰当解决。主要目的是:便于"诱导"发挥教师的主导作用;利用自学体现学生的主体地位;便于演示实验,促使理解与实际紧密联系;利于教改,能对教法改革进行探索。

### (三)恰当组织教材

所谓组织教材,就是要把一堂课的全部内容,按照教学过程的特点组织起来。也就是说,要从易到难、由浅入深、由简单到复杂,由特殊到一般,对教材进行组织和安排,使之成为学生便于接受的东西。组织、安排好教材,就能更好地集中学生的注意力,调动学生学习的主动性。教材是按照科学知识的逻辑性或事物发展的顺序写成的,但并不全和学生的思维顺序吻合,如果不进行教法上的加工,就可能达不到预期的目的。

对于教材组织的要求包括以下几个方面。

1.组织教材

要求分清哪些是基本内容,哪些是次要内容学生在学习过程中遇到困难,通常是由于对前面的基本内容没有弄懂,没有练熟,到后面就越来越困难。例如数学,只用到一个定理或公式的题目,通常觉得容易,要是同时用到几个定理或公式的题目,就觉得很难。如果我们把比较容易的、浅显的、简单的内容都掌握得非常熟练,遇到难题也会变得容易起来。因为所谓难题,不过是容易的、简单的问题综合在一起罢了。因此,必须把基本内容放在首要地位,配以必要的例题、习题、演示、实验,使他们对基本内容有反复思考,反复练习的机会,从而达到透彻理解,彻底掌握的目的。

2.要重点突出

重点可以是最基本的内容,也可以是最典型的内容。突出解决了重点内容,就等于让学生掌握了一把钥匙,一般问题就容易解决。

3.注意整个教材的系统性和连贯性

要脉络清晰，前后衔接；要考虑与前面已讲部分有哪些联系，为后面教材做哪些准备；既要使每一个问题成为前一个问题的必然结果，又成为后一个问题的必要前提；要使这一节课成为层层深入、一气呵成的一个整体。这样由浅入深、由因到果，过渡自然、联系紧密，学生在接受知识的时候，就可以因势利导，收到水到渠成之效。

4.组织、处理教学内容，必须以调查研究为前提

只有通过实际调查，才能真正做到正确取舍教学内容，轻其所轻，重其所重，主次分明，详略得当，达到处理教材的要求。而处理好教材，又能更好地适应学生实际，有的放矢地进行教学。

5.对于教材的处理，要做到全面安排

对于教材的分量、深度、广度、难度、进度以及要达到的程度，都要全面考虑，通盘安排。在进度上不要前紧后松，或前松后紧(可留一点儿机动时间)，以便在“质”和“量”两个方面达到应有的要求。

总之，教师对整门课程的内容，应该在脑子里有一幅来龙去脉的鲜明图景，纵横联系，难点关键，各个教学环节之间的配合，学生学完各个基本内容后所达到的水平，教师都应了然于胸。这样，在讲课时就能左右逢源，前呼后应。①

## 二、深入了解和研究学生

教师在备课的过程中，除了熟练驾驭教材外，还要深入了解和研究学生。常说的“教学吃透两头”，就是指这两项工作。

### (一)了解和研究学生的意义

1.了解和研究学生是提高教学质量的需要

教学是教师教和学生学的双边活动。在一定意义上说，学生是学习的主体，教师的教是为了学生的学。因此，在教学过程中，了解和研究学生的学习状况、智力发展水平以及学习动机、态度、方法、习惯等，不仅可以掌握学生的实际知识水平和努力程度，找出他们学习上的优缺点及其原因，而且可以揭示教学工作的现状，差异和规律。这样，就可以有的放

①张烨．成功课堂的教学准备及课堂设计分析[J]．现代商贸工业，2019，40(18)：175-176.

矢,从实际出发,合理地调整教学工作程序,采取有效的教学措施,提高学生的学习效果。反之,不了解和研究自己的教育对象,单凭自己的主观愿望,就会像在黑夜里走路一样,根本谈不上靠科学思想进行教学工作。因此,要使教学取得成效,就要先了解和研究学生,这对教师来说,是非常重要的。

2.了解和研究学生是因材施教的需要

教学上的因材施教包括两方面的意义:其一,教学的深度、速度要适合学生的知识水平和接受能力。要做到这一点,首先就要了解学生、研究学生,掌握全班学生的一般特点。如全班的知识水平、接受能力、学习风气和学习态度等;又要熟知每个学生的具体情况,如每个学生的学习基础,注意力、记忆力和理解能力等方面的特点。然后在这个基础上,采取不同的方法,有的放矢地进行教学工作,做到既面向全班,又兼顾个别。其二,教学必须考虑学生的个性特点。做到这一点,前提还是要了解学生。教师只有系统了解和研究学生,才能掌握每个学生的特有兴趣和专长、性格和脾气,然后采取不同的指导方式,使每个学生从不同的起点上都能得到发展。

**(二)了解和研究学生的内容**

1.身心健康状况

如身体、体力、体质健康的具体情况,哪些学生视力、听力、言语能力有缺陷,以及他们的学习兴趣、才能、性格和气质有哪些突出表现;在观察、思维、注意、记忆、情感、意志的品质上有哪些特点。这样才能在教学过程中进行必要的照顾,矫正、培养、锻炼和指导。

2.学习情况

要特别注意了解所带班级学生对本学科及本学科相关课程的学习情况。要从学习成绩、试卷、作业中考虑他们学习上存在的突出问题,并预计问题的发展趋势与后果。从课堂观察和课外谈话中了解研究他们在学习上的困难和障碍、要求和希望,以及学习风气和学习方法。针对其学习的真实情况,进行备课,教学和指导。

3.知识和智力发展的情况

教师应该仔细分析学生的知识基础和接受能力,结合学生的年龄特点和个性特征,根据学生的认识水平进行教学活动。

4.学生的思想情况

教师应适当地结合学生的思想情况,如学习动机,学习态度、思想动态等进行教学。

5.学生的生活情况

教师应该做到有机地结合学生的生活经验所熟悉的材料进行教学,还可以组织学生参观访问,这样学生更容易理解教学内容的科学原理。

6.不同类型学生的情况

有人根据学生的品德、学业、智力三因素将学生分为八种类型:①品优、学优、智优的“三优”。②品优、学优、智劣。③品优、学劣、智优。④品劣、学优、智优。⑤品优、学劣、智劣。⑥品劣、学优、智劣。⑦品劣、学劣、智优。⑧品劣、学劣、智劣。掌握不同类型学生的特点,才能使教学具有针对性。

7.不同阶段学生的学习特点情况

第一,小学生的学习特点,小学低年级学生,接受能力比较差,注意力不能持久,缺乏意志力,不善于控制自己,特别是他们的思维品质,还是属于直观形象的思维类型;小学中高年级学生,由于年龄增大,精力充沛,思维品质开始发展了,现实的学习潜力增长了,随着注意能力的提高,观察、分析、比较概括以及把握重点、自我监督的技能发展了。

第二,初中学生的学习特点,初中学生的思维能力既有浓厚的具体形象思维品质,又逐步向抽象逻辑思维发展。在兴趣方面开始出现分化,产生了偏科现象。一些能力也相应得到了发展。

第三,高中学生的学习特点,进入高中阶段,他们突出的学习特点是具有比较高的学习能力,视野广阔,思维品质发展快,各种能力如思维能力、理解能力、逻辑记忆能力、吸取大量学习信息的能力等都大大加强。

总之,教师要了解学生学习本学科的目的、态度、兴趣和方法,掌握本学科的“双基”情况,对本学科的理解能力、接受能力的情况,学习其他课程的情况,思想、生活情况等。

**(三)了解和研究学生的途径和方法**

1.收集和分析作业样本

作业样本是指学生已经完成的作业。它可以是学生的一篇作文、一份朗读英语的录音、一次教学测验的答卷,也可以是学生的读书笔记,绘制的地图、制作的模型等。作业样本是用来了解各个学生学习情况的一种源泉,教师通过检查这些作业,通常可以看到某个学生的长处和不足。收集和分析作业样本是一种很省时的调查方法。因为这些作业是先前教学的自然产物,它无须教师任何额外的工作去获得这些信息,而只需对其做出分析和解释。当然作业样本作为调查材料的来源并非总是有用的。在数学课程中,由于新知识是从一种清晰的和逻辑的方式建立在先前学会的知识基础之上的,这时作业样本通常能起到最好的作用,而在有些课程中,新的学习单元与以前进行作业的那个单元之间可能缺乏联系。这时,作业样本的作用就受到限制。

2.进行晤谈

所谓晤谈就是指一名教师和一名学生之间的谈话。如果某个学生不大爱说话,或者不愿意在人多的场合活动,此时教师把晤谈作为一种调查方法就十分合适。由于晤谈是非正式交谈,所以,一次把握适当的晤谈,能使学生解除顾虑,并且在师生间建立起一种无拘无束的、坦诚直率的相互关系。成功的晤谈并不会自然地产生,它要求教师做细心的计划。在无计划的晤谈中,交谈可能永远也不能涉及教师想了解的情况。能成功地运用晤谈方法的教师都要制定一些写得很正规,有时候甚至在一张卡片上迅速地记上一些谈话要点,并且将它放在谈话时教师可以看到的地方。当教师想与一个以上的学生就某一问题进行谈话的时候,这些目标和用于提示问题的卡片就尤为重要,这些问题可以提醒教师要以同样的方式对待每一位学生。如果教师能够基本上做到向每一位学生提出的问题都是同样的,那么,对每一个学生长处、不足和态度进行的分析,就会更加可靠。

晤谈结束时必须留下书面的记录。新教师通常忽略这项工作,他们通常错误地认为,他们靠自己的头脑就能记住所谈的内容。可别忘了,教师每天要与大量的学生接触,他们的生活是相当丰富的,随着时间的推移,他们的记忆就会消退,有时甚至在短时间里就会产生遗忘。因此,在晤谈一结束,就应该尽快完成书面记录。对晤谈所做的书面记录不需要十分详尽,可以记在索引卡上,并且将它放在一个卡片盒里,或者可以用一个专门的笔记本,每个学生专用其中的一页。

3.平时观察与实地调查

教师要注意观察学生上课的情绪，听讲的注意力、言语表达能力、意志品质和对各门学科的兴趣以及完成课堂作业的情况。也可以观察学生的学习态度、学习自觉性和积极性，分析问题和解决问题的能力以及理解和掌握知识的程度。要深入了解学生，最根本的一条，就是要勤。要做到腿勤、手勤、口勤、耳勤、眼勤、脑勤，要抓住一切机会到学生中间去，多直接接触学生，同学生打成一片，做学生的老师，又做学生的朋友。看他们做些什么？听他们说些什么？分析研究他们想些什么？这样，才能取得第一手材料，才能了解学生的真实情况，才能准确地做出合理性的判断，得出较正确的结论，在进行教学时才有针对性，才能收到良好的效果。

4.进行错误类型分析

错误类型分析是教师了解学生反复出现的学习错误的一种调查方法。例如，通过解题了解基本的错误类型，就能使教师对学生在不正确的解题过程中所产生的具体错误的原因作为解释。有人研究，在两位数乘法运算过程中，小学生常出现的错误归为以下四种类型：过程错误、概念错误、运算错误、事实的错误。

**（四）综合分析学生的学习状况**

分析学生的学习状况包括单项分析和综合分析两种类型。

1.单项分析

单项分析是指对学生学习状况的某一方面，如对单科学习成绩或学习目的、学习方法、预习情况、听课情绪、作业态度等进行分析，可以及时地了解学生，发现问题，立即解决，不至于使问题成堆。

2.综合分析

综合分析则是在教学工作进行到一定的阶段（如学期中或学期末），在单项分析的基础上，对学生学习状况的各个方面，进行的全面分析。通过这种分析，教师可以对学生有比较准确而具体的了解，便于正确地总结教学工作，有利于下一阶段的教学工作。在综合分析学生学习状况的过程中，由于各地的情况不同，采取的方法可以是多种多样的。但应该注意的问题包括以下几个方面。

(1)要明确认识

应当看到,相当一部分教师,对分析学生学习状况的重要性还是认识不足。他们只习惯于教书,而不善于了解自己的教育对象,工作虽然辛苦,兢兢业业,但由于不熟悉学生的实际情况,结果通常事与愿违,事倍功半。另外,分析学生的学习状况也是一件很复杂的事情,需要做大量的工作。有的教师由于业务水平低,没有经验,再加上怕麻烦等原因,也懒于去分析研究学生。比如,有些教师对学生虽然频繁地进行考试,但只是把它作为督促学生的一种手段,而没有作为考查了解学生的一种措施。因此,通常是考完评个分数就完事了,很少进行卷面分析。有时即使分析了,也通常是走过场。要改变上述情况,必须把综合分析学生的学习状况作为全面提高教学质量的重要一环来抓,并且要认真学习教育理论,掌握科学的分析方法。

(2)要有充足的材料准备

对学生学习状况的分析,如果没有大量的材料作根据,这种分析就成了无源之水、无本之木。因此,教师在平时的教学中,要有目的、有意识地通过批改作业、学科考试、个别谈话、追踪观察、家庭访问、社会调查等途径,了解学生在学习上的表现。掌握他们变化的脉搏,并注意把了解到的情况以及自己的感受形成材料积累起来,以便从这些具体的事实中找出正确的规律性的认识。

(3)要全面分析

学生的学习状况受多方面因素制约。分析时,必须从多方面考虑,才能去粗取精、去伪存真、由此及彼、由表及里,从而得出正确的结论。有些教师只是根据分数来判断学生,认为分数高的就是好学生,这种认识是片面的。分数只是学生成绩的一个标志,并不能完全反映出学生的实际知识水平。苏霍姆林斯基说:“人的个性是一种由体力、智力、思想、情感、意志、性格、情绪熔成的最复杂的合金。不了解这一切,就既谈不上教学,也谈不上教育。”因此,在综合分析学生学习状况时,不能单纯把着眼点放在分数上,而要从这个现象入手,找出学生学习成绩好坏的原因,并要进行纵横比较,弄清学生的发展变化情况。应当看到,有些学习差的学生,分数虽然大体相同,但其原因却是不同的。有的是学习动机不明确,有的是基础比较差,有的是方法不当,有的是家务负担太重……不全面地进行分析,就找不出影响学生学习的主要障碍,因而也就不能有针对性地采取措施,提高学生的学习质量。另外,在分析的过程中,要善于发现学生学习中的积极因素,用积极因素去克服消极因素,促进矛盾的转化,增强学生的信心,提高学业成绩。

(4)要制定出改进措施

分析学生的学习状况,了解学生现有的知识水平和努力程度,并不是教师的根本目的,而是一种手段。教师要根据分析的结果,认真总结自己的工作,找出成功的经验和失误的教训。在此基础上,进一步端正自己的教学思想,制定出改进教学工作的具体措施,以促进学生全面发展,尤其是智力和能力的发展。

## 三、灵活选用教学方法

教学方法是多种多样的,教师在教学中究竟选用哪种教学方法呢?是否可以不问条件地把各种方法配合起来运用呢?这些问题都要求教师在进行备课时,仔细加以考虑。否则,所运用的方法本身虽然是一种好的教学方法,但其结果不一定能达到预期的目的,甚至还会使教学工作遭到失败。因此,正确地选择和运用教学方法是提高课堂教学质量的必要条件。那么如何选用教学方法呢?

### (一)选择教学方法的基本依据

一般来说,选择教学方法应考虑以下几个方面。

1.依据教学目的和教学任务

在课堂教学中,每一节课的目的和任务是不相同的。目的和任务不同,所选用的教学方法就有区别。如果教学目的是要学生获得新的知识,那么教师就应该选择传授新知识的教学方法,如讲授法、谈话法、读书指导法等;如果某一堂课的教学目的是要学生复习和巩固曾经学过的知识,那么教师就应该选择谈话法、复习法、实验法等;如果教学目的是要培养学生的技能和熟练技巧,那么,教师就必须选择练习法等。实际上通常在一节课内,同时要达到几个目的,就必须同时采用多种教学方法。以其中一种教学方法作为基础,有机地配合和运用其他教学方法。至于如何配合,视具体的情况而定。因此,教师依据教学目的来选择教学方法是一种复杂而细心的工作。首先要考虑这堂课要完成几个什么样的教学目的，然后根据这种情况，以一种教学方法为主，有机地配合运用其他的教学方法进行教学。

2.依据学科的不同特点和教材性质

教师选择教学方法在考虑教学目的同时，还必须考虑学科特点和教材的性质。

(1)不同学科，要求的教学方法不同

例如物理、化学、生物等自然科学的学科，就经常要求教师运用演示、实验、观察等教学方法，使学生直接接触到所学的对象，领会所学的知识。为了更好地巩固学生所获得的知识，还经常要求学生进行实验作业。至于政治、历史等社会科学的学科，就经常要用讲授法、讨论法等，并指导学生阅读比较多的参考资料。虽然有时也要运用演示教学法，但一般不能运用演示实验，只能运用其他演示，例如图片、照片、图表等演示。至于语文、数学等学科，还经常要求运用练习、学生独立作业的方法，使学生经常练习独立解答习题，获得独立写算的巩固技能，以便更好地学习其他各学科的知识。由此可见，教师在选择教学方法时，要依据自己所教的学科的特点去考虑用什么方法，但是决不能因此得出结论说，自然科学的学科只需要运用演示实验，参观学生的实验作业等教学方法就可以。其他的方法可以不必运用或者不需要运用。这一依据告诉我们，在自然科学的学科中，教师是经常要运用这些方法，应该多从这些方法去考虑，并不是说不需要运用其他的教学方法。至于社会科学方面的学科以及数学、语文课中的教学方法，在使用上也是同样的道理。

(2)教材的性质不同，所要求的教学方法也不同

这一点特别重要，它之所以重要，主要是为了达到同一个教学目的，可以运用各种教学方法。例如：为了达到使学生获得新知识的目的，可以用讲授法，谈话法等教学方法。在某一堂课里面，为了达到使学生获得新知识的目的，究竟采用讲授法，还是采用谈话法，或者采用其他能为学生获得新知识的教学方法呢？第一，必须根据教材性质来决定。现以语文课为例加以说明：如果教师将要讲授的语文课的内容是记叙文，如童话故事、短篇小说、传记等，那么教师就应该采用讲述式，以讲故事的方式去描绘所讲内容的发生、发展和结果；如果教师要讲授的语文课的

内容是论说文,属于理论性的文章,那么教师就应该采用讲解式,反复去说明,论证所讲的内容。第二,由于教材性质不同,各种方法的配合在一堂课内也就不同。就以演示而论,有的教材需要演示,有的教材只需要图片、图表或老师的板书演示就可以了。

3.依据学生的年龄特点和班级特点

教师在选择教学方法时,还必须根据学生的年龄特征。因为学生的年龄不同,在生理的发育上和心理的发展上有所不同。因而应该根据他们的年龄特点去选择教学方法。不然,学生还是不容易接受教师所讲的教材,甚至对学习产生厌恶的情绪。在小学阶段,学生的注意力缺乏自觉性和目的性,是不稳定的、不持久的。因此,教师就应该注意在一堂课内使用多种教学方法,分阶段地用新异刺激去吸引学生的注意。就以传授新知识而论,决不能以讲授法向他们作长久的讲述,其中必须配合谈话法或其他的教学方法进行。在现实教学中有的教师没有认真地考虑这一点。例如:向小学生做长时间的讲述,这样,不仅不能使学生理解教师所讲的内容,而且还损害了学生的健康,使他们失去学习的兴趣。再以实验作业而论,由于学生的注意力不能持久,容易疲乏,同时手指关节也没有很好的发展,因此对实验作业也是感到很困难的。如果非做实验不可,那么也只能做一些简单的实验作业,同时实验的时间也不宜过长,只能是10~15分钟,教师的指导也应该比中学更具体些。

学生思维发展的方向是由具体到抽象。在小学阶段的学生,他们的思维主要直接和一些具体的事物以及对这些事物的知觉有关。所以对他们讲解知识的时候,必须从接近他们的周围世界中引证他们所熟悉的物体、事例和例证。教师教学时,应该广泛地运用演示教学法,最好还是用实物的演示来说明所讲的问题。此外还必须广泛地依据他们所熟知的事物和例子进行教学。这样学生才容易掌握教师所讲的教材。

随着学生年龄的增长,特别是经过了小学阶段系统的教育,到了初中阶段,尤其是高中阶段,他们的生理发育和心理发展都发生了很大的变化。因此,教师在选择教学方法以及各种教学方法的配合和运用上也就与小学不同。此时他们的注意力就有目的地、主动地、积极地发展了。所以在教学方法的运用上,应该针对这些特点,较多地运用讲授法去传授新知识。此外他们还可以做比较长时间的实验工作,独立地阅读参考书等。教师在讲授时,内容也可以深刻些、抽象些。

由于学生的年龄不同,教师所选择的教学方法以及各种方法的配合上也就不同。即使采用同一种教学方法,由于学生的年龄不同,在运用上也应该有所区别。例如:在小学和中学同样运用讲授法,但运用上是有所不同的。在小学的讲授内容要简单、具体,并且始终是要演示法加以配合来运用。运用的时间也应该短一些,一般是10~20分钟。但是在初中和高中却不同了,内容应该丰富些、概括些。有时可以不必用演示教学法来配合,同时运用的时间也较长些,一般是30分钟左右。教学方法要适合班级与学生个人的特点,这就要因材施教。例如,有的班学生活跃、爱举手发言,有的班学生便不怎么活跃;有的学生回答问题很敏捷,有的学生需要想想。对不同的班级和个人,要区别对待,因材施教,即使采用同一种教学方法,也要有不同的特点才能获得较好的效果。

4.依据教学条件

相同的教学内容、相同情况的学生,由于各学校的具体环境和设备条件不同,教学方法也随之而异。城市学校可利用现代化工厂的方便,农村学校则可利用自然环境和农业生产的优越条件。选择某些教学方法,还要从学校的具体环境和现有设备的实际出发。例如:参观教学,不能让学生来回跑几十里,而要考虑交通和时间等问题。在校内缺少实验设备和电教器材的情况下,不能勉强行事。但是,又必须自力更生,努力创造条件,组织学生制作教具标本、幻灯片等。充分利用现有设备,积极改进教学方法,力争取得较好的教学效果。

5.依据教师本身的素养条件

教学方法的选用,只有适应教师的素养条件,能为教师所掌握,才能发挥更好的作用。有的方法虽好,但教师缺乏必要的素养条件,自己驾驭不了,仍然不能在教学实践中产生良好的效果。例如,运用谈话法,教师本身对教材的理解必须具有一定的深度,并能随着具体情况,从不同角度,机动、灵活地用不同的语言表达对问题的理解。能针对学生问题的矛盾焦点,几句话就能启迪学生的智慧,使学生豁然开朗。如果教师对教材的理解很肤浅,不能融会贯通,透彻掌握,只是教条地记住、背熟,那么,利用谈话,遇到学生从各种不同的角度提出各种不同的看法,教师就不会随机应变地抓住要害,用不同的语言启发引导学生探索问题,弄清理论。为了说明一个理论问题,有的教师形象思维水平高,可以用生动形象的语言把问题的事实和现象描绘得生动具体,然后从所讲的事实出发,由浅入深地讲清道理。有的教师不善于用生动具体的语言描述,但善于运用直观教具,在直观教具演示配合下能很快地讲清理论。前一种教师可以运用讲述法进行教学,后一种教师则可以采取直观演示法进行教学。教师可以根据自己的素养条件,扬长避短,发挥个人优势,采取与自己条件相适应的教学方法。

**(二)教学方法选择的程序**

教学方法的程序,可以分为以下几个步骤。

第一步,明确选择的标准。关于标准的内容及其理论根据,就是上面讲的五个方面。不过,巴班斯基特别强调的是标准要具体化,反对抽象标准。最重要的是当前具体化了的教学任务和规定的教学时间,其次是此时此地教师使用的实际可能性、教学设备和教学环境等。

第二步,尽可能广泛地提供有关的教学方法,便于教师考虑和选择,不仅包括各种教学方法,而且包括每种教学方法中的方式和细节。

第三步,对各种供选择的教学方法,进行各种比较。一是比较各种具体方法的可能性。以具体的教学方法为纵坐标,以其对“形成”“发展”“教学速度”的功能为横坐标(又分三级),进行比较。例如,“问题性探索法”,对于“形成理论知识”,其成功性高于所有供选择的方法,用“+!”表示(第一等),对于“形成实际知识”则为“+”(第二等,基本有效)。对于“形成实际操作和劳动技能”就是“-”(第三等,成功性低)。以下各项“发展语言逻辑思维”为“+”,“发展直观形象思维”为“+”,对于“教学速度”为“-”,其他如“口述法”“直观法”“认识游戏”“学习讨论”等依理类推。二是比较各种供选择的教学方法的适用范围和条件。例如,分别比较口述法、直观法、实验操作法、发现法、探索法、归纳法、演绎法、独立工作的方法,比较它们各自“最适宜解决的任务”“最适宜解决的教材内容”“相应的学生特点”“教师应具备的可能性”“是否有时间应用”等。

第四步,在既定的教学任务、教学内容、师生特点、教学时间等条件下,对各种方法进行筛选,做出最后决定。

### (三)教学方法运用的基本要求

1.运用教学应持的观点

(1)辩证的观点

每一种教学方法都有其优点和不足之处。例如,讲授法可以在最短时间内传播最大量的知识量,可以向学生提出问题,提出解决问题的途径,有助于发展学生的抽象思维,但对于低年级或缺乏感性认识的内容或属于形象思维类型的学生则有很大困难。同时它对于形成技能技巧也有不足之处。又例如,谈话法对调动学生积极性、启发思维和训练语言表达能力,有良好的作用,但它也有局限性,容易离散而无系统或脱离中心,时间不甚经济,特别要求教师对谈话做出较好的小结,并掌握好时间。再如练习法和实验法,在形成技能、技巧、促进理论和实践的结合上,有巨大的作用,但不能保证系统地、深刻地掌握理论知识,发展逻辑语言和抽象思维能力等。所以不能把某种教学方法绝对化,没有万能的教学方法,任何一种教学方法都有其优点和不足之处。当我们运用某种方法时,必须根据条件发挥其优点,避免其不足,更好地完成教学任务。因此,教师对某种方法的理解和运用必须有辩证的观点。只有这样,才能根据教学的具体任务、内容和学生的特点等,灵活运用教学方法,提高教学质量。

(2)整体的观点

每一种教学方法都具有不同的性能。因此,对教学方法的理解和运用,就不能单一化。在教学过程中,要综合地运用各种教学方法。任何一堂课都不能单纯地运用一种教学方法,而是根据教学阶段的任务、内容和学生的特点,以某一种教学方法为主导,结合其他的方法,综合成为一个整体。整体不是各种教学方法机械相加,而是各种方法互相渗透的一种特殊结构,这样才能体现教学方法的活力。例如演示法,它对激发学生的学习兴趣,使学生对该事物具有一个具体鲜明的形象,获得丰富的感性认识具有重要意义。但演示法要做到这一点,还必须结合教师的讲述,讲解,结合学生主动积极的观察,结合师生之间的谈话,结合教师或学生的总结等。在运用演示材料之前,教师要提出观察的目的和要求,学生结合教师提出的要求,积极主动地观察,并与自己原有的知识、生活经验联系起来。在学生观察过程中,教师要与学生谈话,引导学生观察细枝末节之外，发展学生的观察力，或做必要的讲解，要求学生口述观察的结果并做出总结，如果学生总结不完整，教师还必须做必要的补充说明，这样才能使学生对该事物有一个具体、鲜明、准确、完整的印象。如果演示法不结合其他方法运用，它是不能达到这一目的的。其他的教学方法也是如此。可见，教学方法的运用总是有机结合的，而不是单一的，在每一堂具体的课上，这种结合就成为一种特殊的结构，成为一个整体。

(3)发展的观点

所谓发展是指教学方法的运用要促使学生智力的发展和创造力的发展。任何一种方法的运用，只从引导学生获得系统的、知识的观点出发是不够的，还应从发展学生的智力和创造力的观点出发。现在有一种错误的认识，认为只有谈话法才能发展学生的智力，而讲授法就是教师讲，学生听，抑制了学生智力的发展，问题并不尽然。谈话法是以教师的提问和学生的答问，或者以学生的提问和教师的解释组成的。如果教师所提的问题富有启发性，连贯系统、步步紧逼，促使学生努力思考，学生在思考的过程中智力就会得到发展。但是，如果教师所提出的问题只具有暗示性，而且简单零乱，是不能激发学生思考的。我们知道，智力是在思考的过程中发展的，既然不能激发学生思考，那么又怎么能发展学生的智力，所以用了谈话法不一定就能发展学生的智力。讲授主要是通过教师讲、学生听获得系统知识的方法。

(4)教育的观点

对教学方法的理解和运用，不能仅仅考虑它是传授知识的手段、发展智力的手段，还必须考虑它同时又是教育人的手段。现代教学论认为，传授知识与发展智力，知识教育与思想教育是在教学过程中统一实现的，统一在哪里？统一在内容的科学性和方法的科学性上，抽出内容的科学性和方法的科学性，它们是不能统一实现的。即使内容具有科学性而方法不科学，它们也是不能统一实现的。所谓方法的科学性，就是要激发学生运用理智去汲取知识，动用情感去感受知识。教学方法的运用，不仅要使学生知道这是什么，还要知道为什么。然后真正达到说明了这是什么，这样才能使学生把知识转化为信念，并感到内心的喜悦，对它采取积极的态度。如果教学方法的运用，仅仅是使学生知道这是什么，那么这种知识是不能转化为信念的，这只能增加学生大脑的负担，影响学生的健康，不能达到育人的目的。对教学方法的理解和运用，只有树立并掌握了辩证的观点、整体的观点、发展的观点和教育的观点，才能有效地提高教育质量。

2.正确处理好几种关系

（1）要正确处理好教学方法与教学内容的关系

教学方法的运用必须从教学内容的实际需要出发，使教学方法更好地为完成教学内容服务。因此，教师在教学中，不管采用哪种方法，都不能损害教材内容的科学性，破坏教材内容的系统性，削弱教材内容的思想性。同时，教师所采用的方法，要有利于突出重点、突破难点、点明关键，使学生不仅能学好基础知识和基本技能，而且能促进学生的发展，从而使学生掌握完整的知识。

（2）要正确处理好教材方法与教学效果的关系

教师在教学过程中，不管选用何种教学方法，都不能只图形式，要讲求教学方法的实效。例如，教师在运用讲授法时，为了使学生对概念理解得更精确，教师就要采用对比和比较、分析和综合、归纳与演绎等形式，进行合乎逻辑的推理。从而培养锻炼他们的思维能力和语言表达能力，否则就可能变成注入式，甚至徒劳无功。一些有经验的教师为了训练学生的正确思维，通常把理解知识的思维过程讲给学生。在讲公式、定理、定律等基本知识的时候把自己对这些问题的思维过程——如何理解、如何证明的思路教给学生，特别是一道题有几种解法的时候，教师先启发学生找到不同的解法，想到不同的途径，然后引导学生比较分析，从而选择出最合理、最简捷的方法。这样就可以使学生的思路变得更宽、更灵活，对学生掌握知识、发展思维以及培养综合归纳能力，都是极其有益的。因此，教师在运用教学方法时，要处理好它与教学效果的关系。

## 四、精心编写教案

教案即课时教学计划。它是教师备课工作的最后一个环节，是教师备课工作中最为全面系统、深入具体的一步；是保证教师有计划、有步骤地上好课的必要手段，对提高教学质量有着重要的意义。因此，每个教师都应该坚持编写教案、写好教案。

**(一)教案的含义**

教案是教师依据教材和学生实际以及教学条件设计的教学方案,是教师把备课内容用书面记录下来的一种形式。它蕴含着教师对教材的认识和处理以及对学生学习方法的指导。它既是备课成果的提炼和升华,又是备课的继续和深入,通常以一节课为单位编写,也称之为课时教学计划。

**(二)编写教案的基本程序**

教案是教师备课的综合记录,是进行课堂教学的实施方案。编写教案的过程是一个有程序的系列活动过程,我们将它概括为以下几个方面:熟悉大纲、钻研教材、了解对象、坚持“五性”、优选教法、设计课型。

**(三)教案的结构**

编写教案虽有一定的格式,但不能强求一律。应多从实际出发,以方便教学为宜,以提高质量为准,教案的主要项目有:课题、教学目的、重点与难点、课时安排,教法和教学媒体选择、教学过程、板书设计和课后回忆等。

**(四)编写教案的方法**

1.文字法

文字法就是在设计教案时,主要用文字形式将备课的结果表达出来,运用这种方法既可以设计出讲稿式的详案,又可以设计出纲要式的简案。

2.列表法

所谓列表法就是根据自己所教学科研成果的教学要求,按一个或两个课时的教学内容,设计一张“教案一览表”,用以指导课堂教学。

3.卡片法

文字教案设计好后,教师上课时若看一句讲一句,教学效果肯定不佳。但将教案内容全部牢记于心又较为困难,列表教案虽便于记忆,但它更要求教师熟记教学内容,以便在课堂教学中能将列表展开说明、阐述。

4.习题法

采用“习题法”设计教案,即依据不同的教学目的和内容,以课前预习、课堂练习和课后复习为基本程序，设计一系列由浅入深的习题，供学生作业。使他们在练习中产生疑问，形成探求的欲望并通过解题释疑去掌握知识，提高其能力。使学生的学习过程成为“实践—认识—实践”的过程。

#### （五）编写教案应注意的问题

1.端正思想，高度重视

教案是教师上课的直接依据。只有认真备课，编写高质量的教案，上课的质量才有保证。因此，每个教师都必须认真备课，写好教案。但是，有的教师忽视写好教案这一环节，把写教案看成额外的负担，采取应付的态度，照抄照搬教学参考书，甚至不写教案就上课。我们必须端正思想，充分认识编写教案的重要作用，高度重视编写教案这一重要环节。

2.正确把握几种关系

编写教案是一个比较复杂的系统工程。因此编写教案时应正确把握以下几种关系：①课程标准，教材和学生实际三者之间的关系；②全册教材教学目的要求与每篇教材教学目的要求之间的关系；③传授知识与开发学生智力、培养学生能力的关系；④教师主导作用和学生主体地位之间的关系；⑤教师的教法与学生学法之间的关系等。

3.认真备课，不要背课

有的教师认为，备课主要就是熟背记牢教材、教案的内容。因此，他们把备课过程仅仅当成死记硬背教材、教案的过程。其实教师即使把教材、教案背得滚瓜烂熟，也难以保证教学质量，达不到教学目标。所谓备课，是指教师不仅要熟记教材和教案，而且要对课堂教学的各个环节进行认真的准备。

## 第二节 现代课堂教学导入艺术

课堂教学导入在一个成功的课堂中是起着至关重要的作用的，一个好的教师通常在课堂的开始环节，也就是我们所说的课堂教学开始就设计出一个精彩的课堂教学导入。

所谓课堂教学导入就是引起学生注意,激发学生兴趣、调动学习动机、明确学习目的和建立知识之间的相互联系的一个教学活动方式。即在新的教学内容开始讲授之前,引导学生进入我们所要学习的学习状态,把学生吸引到特定的教学任务和程序当中去,所以我们教师平常也把这些称为定型导入。

## 一、课堂教学导入艺术的功能

课堂教学的导入环节,是指上课之初,教师为便于学生尽快适应新的教学活动而进行的一定的教学组织引导工作过程。导入环节通常用时都很短,但它要求教师在较短的时间内,很好地引导和帮助学生以积极主动的姿态进入新课的学习,努力形成良好的课堂教学秩序,来保证教学任务的顺利完成,因而它是课堂教学过程中不可缺少、不可忽视的一环。随着教育教学改革的深入,人们越来越认识到课堂教学导入环节的重要性,认为在教学过程中具有以下的功能。

### (一)集中、定向功能

传统教学强调“教师为中心”,较重视教师的“教”而忽视学生的“学”,事实上,教师对学生的指导和调节只有当学生本身积极参与学习活动时,才能起到应有的作用,而学生在学习活动开始时对学习给予的重视和注意程度,其思想、精力的集中程度,对教学活动能否顺利进行并取得预期效果又有很大的制约作用,如果学生能以统一专注的思想状态开始投入学习,必对其学习效果产生积极影响。由于学生(尤其是低年级学生)在课间休息时进行了不同的游戏放松活动,在开始上课时,还沉浸在课间活动的余兴之中,通常不能马上将思想集中于新的学习活动,不能对教学活动给予应有的、足够的注意,此时,教师如果直接开始讲授新课,学生的接受效果必然是不理想的,教学任务的完成也要受影响。课堂教学的导入环节要解决这个问题,它要求教师在讲授新课之前,调用各种简练而得力的手段及自身的人格魅力,去排除学生注意力向学习活动转移时的一切干扰,努力唤起学生对新的学习活动的兴趣和参与热情,激发其学习积极性,使学生分散各异的思想活动集中指向同一学习活动之上,养成良好的倾听习惯和注意品质,形成稳定的课堂教学秩序和良好的教学心理环境。可见,导入环节具有组织召集、使学生思想活动统一于特定学习活动之上的集中的定向功能。

**(二)促进认知衔接功能**

这是从教学过程中学生认知的角度来说的。学生的学习活动是重要的认知过程,导入环节的又一功能就是教师引导学生为新的学习活动做好认知方面的准备,促进新旧认知的衔接。学生的认知是有继承性和连续性的,一般来讲学生认知活动的开展都是在原有认知的基础上,通过从原有认知结构中提取相应部分来构建新的认知结构,使新旧知识和心智活动建立起有机联系的过程,因此,唤起已知、激活原有认知结构中相应的部分并加以再现和强化就显得尤为重要,教师在讲授新课之前需要有一个复习、再现已知的过程,这个工作就是在导入环节里需要做好的。导入环节要求教师用最简练又最有效的复习手段将与新的认知活动有关的原有认知再现给学生,帮助他们唤起主观印象,重温曾经有过的认知,以便使学生更快更好地进入新的认知活动之中,完成新的认知构建,实现新旧认知衔接。同时,有的学生在前一次学习中遗留的困惑和疑问,还可通过导入环节里教师的复习讲解,得到一定的解答,从而为顺利进入新知的学习扫清障碍,这种补救工作也在为更好地实现新旧认知衔接发挥着作用。

**(三)信息交流、精神互动功能**

教学活动作为一种师生交往的社会性行为,是一个自始至终的信息交流过程。导入环节虽然是教学过程中短暂的一段,但由于是师生课堂交往的最初阶段,因而师生双方的信息感应和接受都是强有力的。对于一位优秀的教师来说,一方面,他在引导学生进行新旧认知的衔接过程中,把知识信息传递给学生;另一方面,在组织建立课堂秩序及传授知识的过程中,他的积极得体的语言、声调、动作、姿态、表情及通过这些反映出来的性格、气质、态度、情感等个性特征和人格魅力,以及他对学生表现出的鼓励、期望等种种良性暗示,都会构成一个强大的信息冲击波,传射给学生,影响着学生。这是与正规课程教育并行的潜在影响力量,有些教学论书上称它为“潜课程”。它是无形的,但它对学生的影响却是巨大的,有时甚至会超越正规课程教育的力度。学生为它所感染,会对教师产生敬仰和喜爱之情,进而会喜爱上教师所教授的课程,这将大大激发学生的学习动机,提高他们对学习的倾向性进而投入热情,有利于形成他们正确的学习态度。而来自学生方面的积极的信息反馈,对教师又是个极大的支持和鼓舞,将进一步促进和推动教师的教学工作。由此可见,导入环节里的信息交流带给师生双方精神上的触动是相当大的。①

## 二、课堂教学导入艺术的作用

课堂导入是课堂教学的主要环节之一,一堂课导入的成与败直接影响着整堂课的效果,其在教学方面起着不可替代的作用。其作用主要表现如下。

### (一)安定学习情绪

课堂导入通常是课前骚乱与课堂肃静的分界线。学生从课间休息时的游戏打闹到上课铃响后安静下来,需要有个过渡转换阶段,这就需要发挥课堂导入的作用。机敏的教师善于运用导入语,以自身的风度、清晰的声音、新奇的内容、精彩的语言三言两语控制全场,抓住学生心理,让学生思维尽快回归到课堂脑力思考的起跑线上,从而发挥开场白威慑全局的特有魅力。

### (二)吸引学生注意

教学过程是一种心理认识过程,需要感觉、知觉、记忆、思维、想象等多种心理活动的参与,而注意力是否集中则是这种认识过程能否顺利实行的必要条件和重要保证。巧妙地导入新课,可以起到先声夺人,以声服人的效果,吸引住学生的注意力,使学生一上课就能把兴奋点转移到课堂上来,集中在教学的内容上。在这样的情况下开始上课,才能"箭无虚发",句句入耳,点点入地。教者轻松愉快,听者专心致志。

### (三)激发学习兴趣

"兴趣是最好的教师",它会引导学生步入知识的殿堂,收获丰收的喜悦。教育家第斯多惠说:"教育成功的艺术就在于使学生对你所教的东西感兴趣。"精彩的导入会使学生如沐春风,如饮甘露,进入一种美妙的境界。在导课过程中,教师风趣幽默的讲解,富有感情的朗诵、漂亮美

---

①陈晓杰. 初中语文课堂导入艺术研究[D]. 开封:河南大学,2015.

观的板书、潇洒动人的风姿或一幅美丽的绘画。一首美妙的乐曲都可以吸引学生注意,激发其学习新课的兴趣。

### (四)沟通师生情感

良好的导课是师生信息沟通的钥匙,一上课教师登台亮相后,教师的一个眼神、一个动作、一抹笑容、一句话语,如果一下博得学生好感,那便取得了通往学生心灵的通行证。为教学之间的信息交流、情绪反馈打开了大门,铺平了道路,使教师的讲课建筑在学生对你的期待、信赖、尊重、理解的基础上。朴实亲切的导语会在师生之间搭起一座友谊的桥梁,师生的情感会在导课过程中潜移默化地得到交流和升华。高明的教师总是善于运用独特的开场白来活跃气氛以达到师生心理相容的目的。这种良好的教学氛围,既有利于教师的教,也有利于学生的学。

### (五)明确教学目的

目的性是人类实践活动的根本特性之一,教学有无明确的目的和学生是否明确此目的是衡量教学成功与否的重要标准。有经验的教师总是在导课过程中让学生预先明确学习目的。当学生的积极性被调动起来、思维处于活跃状态时,教师就要适时地讲明学习的目的和意义,从而激发学生的学习热情,使其保持旺盛长久的注意力,并自觉地控制和调节自己的学习活动。

### (六)启迪学生思维

富有创意的开讲,可以点燃学生思维的火花,开阔学生的视野,增长学生的智慧,使之善于思考问题,并能培养学生的定向思维能力。因为教师有重点地导入新课,能使学生的思维迅速定向,集中探索知识的本质,为进一步学习打好基础。精彩的导语具有思维的定向性,让学生尽快把握思维中心,围绕教学内容开动思维器官,积极思考,探微知幽。

### (七)确定全课基调

高尔基曾说:"最难的是开始,就是第一句话,如同音乐一样,全曲的基调都是它给予的,平常得好好去寻找它。"由导入语所奠定的基调将直接显示以下三点:①内容的定旨。概括展示全讲内容,让学生明确目的、要求,宛如一首乐曲的前奏,让学生把握基本旋律。②情感的基调。让学生初步接触情绪感染,为全身心的情感投入做好准备和酝酿。③语调的定格。导入语能确立全课的基本语调，是讲述是解说还是抒情，是奋进还是纤弱，是辩驳还是说明，是绚丽还是朴素，以怎样的基调为全课定音，语调也有个总体模式。只有实现了内容定旨、情感定调、语调定格，开场白才算充分发挥了效力，整个课堂教学才能井然有序，有条不紊。

## 三、课堂教学导入艺术的原则

导入的成功与否关系到教学中学生学习的状态，高效的导入为后续的教学活动打下良好的基础。一个成功的导入一般应遵循以下几个原则。

### （一）针对性原则

导入应当针对的教学实际有两方面：其一是指要针对教学内容而设计，使之建立在充分考虑了与所授教材内容的有机内在联系的基础上，而不能游离于教学内容之外，使之成为课堂教学的赘疣。其二是指要针对学生的年龄特点、心理状态、知识能力基础、爱好兴趣的差异程度。比如小学一、二年级，最好从讲故事、寓言、做游戏入手，中学生多从宏观联想、类比、启发谈话、设置疑难入手等。如果课堂教学导课时，教师的态度、语言和蔼可亲，所讲内容是学生喜闻乐见的日常事理，学生听起来一定能如入胜地而流连忘返。可见，具有针对性的导入才能满足学生的听课需要，实现课堂教学的教育性。

### （二）启发性原则

苏霍姆林斯基说："如果教师不想办法使学生产生情绪高昂和智力振奋的内心状态，就急于传授知识，那么这种知识只能使人产生冷漠的态度，而使不动感情的脑力劳动带来疲劳。"因为积极的思维活动是课堂教学成功的关键，所以教师在上课伊始就运用启发性教学来激发学生的思维活动，必能有效地引起学生对新知识、新内容的热烈探求。启发性的导入设计应注意给学生留下适当的想象余地，让学生能由此想到彼、由因想到果、由表想到里、由个别想到一般，收到启发思维的教学效果。

### （三）新颖性原则

赞可夫认为："不管你花费多少力气给学生解释掌握知识的意义，如果教学工作安排得不能激起学生对知识的渴求，那么这些解释仍然落空。”一般说来,导入所用的材料与课文的类比点越少、越精,便越能留下疑窦,越能吸引人。因为心理学研究表明,令学生“新异刺激”,可以有效地强化学生的感知态度,吸引学生的注意指向。新颖性导课通常能“出奇制胜”,但应切忌单为新颖猎奇而走向荒诞不经的极端。

### (四)趣味性原则

著名教育家巴班斯基认为:“一堂课上之所以必须有趣味性,并非为了引起笑声或耗费精力,趣味性应该使课堂上掌握所学材料的认识活动积极化。”充满情趣的导入能有效地激发学生的学习兴趣,调剂课堂教学的气氛和节奏,师生间通常在会心的笑声中达到默契交流。俗话说:趣味趣味,要既有情趣,又有意味才好。学生笑过之后,教师应进一步引之深思,方是趣味性导课的上乘佳作。

### (五)简洁性原则

语言大师莎士比亚说:“简洁是智慧的灵魂,冗长是肤浅的藻饰。”这个见解是极为深刻的。课堂教学的导入要精心设计,力争用最少的话语、最短的时间,迅速而巧妙地缩短师生间的距离以及学生与教材间的距离,将学生的注意力集中到听课上来。

## 四、课堂教学导入艺术的要求

课堂教学导入是教师精心设计、艺术构思的结晶,也是教师在教学过程中的一种艺术创造。一般来讲,导入语言应按一定的要求来设计。

### (一)思维定向

导言设计必须尽量给学生创造性思维上的矛盾冲突,这是决定一堂课成败的关键。教师导入新课的第一句话必须简洁明快,使学生思维迅速定向,进入对教学内容的探求。如果占用时间太长,扯得太远,不仅会分散学生注意力,不利于学生定向思维,而且也很难保证在预定的时间内高效率地完成教学任务。

### (二)内容定旨

教师给学生的第一感知必须旗帜鲜明,这就要求教师尽可能地结合教学内容和教学目的,设计好精当的导言,导入新课的形式和方法是千变万化的,但万变不离其宗,它必须为“点睛”发挥作用。

### (三)感情定调

导言应当情意真切,以意动情,要能激起学生感情上的共鸣。为全课的学习确定一种感情基调,从而拨动学生的"情弦",使学生"情以入文"(带着感情学习),这样一定会收到好的效果。

### (四)语调定格

教师要善于利用语言的节奏和声调的变化,引起学生的定向反应。导言的声调要高低适度,节奏要快慢得当,切忌忽高忽低,忽快忽慢。从导语开始,就要运用抑扬顿挫的语调吸引学生的注意,使学生始终保持听课的最佳思维状态。

## 五、课堂教学导入艺术的方法

教学有法,但无定法。新课导入也是如此。一般来说,下述方法较为常见。

### (一)直接导入法

上课伊始,开宗明义、开门见山、直接点题,讲明这节课需要学习的内容、目标要求、教学进程,从而引起学生注意。这种导入新课的方法是一种最简单的导入方法,一般在高年级采用。因为低年级学生学习能力和意志力较差,直接导入通常收效甚微。另外,有些新教师也常采用此法,因为他们不太了解学生的知识、能力水平及兴趣爱好,所以通常开门见山,直接点题。

### (二)审题导入法

审题导入法是指新课开始时,教师先板书课题,然后从探讨题意入手,引导学生分析课题来导入新课。这种方法开门见山,直截了当,又突出中心或主题,可使学生思维迅速定向,很快进入对中心问题的探求,因此也是各科导入常用的技法。运用此法的关键在于针对教材,围绕课题提出一系列问题,因此必须精心设计、认真组织,善于引导,让学生朝着一定的方向思考。

### (三)悬念导入法

俗语云"好奇之心,人皆有之",利用悬念激人好奇,催人思索,通常能收到事半功倍的效果。制造悬念的目的主要有两点:一是激发兴趣,二是启动思维。

**（四）情境导入法**

情境导入就是选用语言、设备、环境、活动、音乐、绘画等各种手段，制造一种符合教学需要的情境，以激发学生兴趣，诱发思维，使学生处于积极学习状态的技法。苏霍姆林斯基说："任何一种教育现象，孩子们越少感到教育者的意图，它的教育效果就越大，我们把这条规律看成教育技巧的核心。"情境导入法如运用得当，则会使学生身临其境，感同身受，意识不到是在上课，从而在潜移默化中受到教育，获得知识。运用此法应注意两点：一是善于创设情境。教师必须从教学内容出发，精心组织，巧妙构思，创设良好的符合教学需要的情境。二要加强诱导，激发思维。创设情境不能单纯为激发兴趣，一般来说，应以激发思维为主。但是，情境本身有时并不能启人深思或内涵比较隐蔽，这时就需要教师的启发和诱导。

**（五）演示实验法**

演示导入是指教师通过实物、模型、图表、幻灯片、投影、电视等教学工具的演示，引导学生观察，提出新问题，从解决问题入手，自然地过渡到新课的学习的技法。此法有利于形成学生生动的表象，由形象思维过渡到抽象思维，因此在小学各年级教学中运用较广。运用此法时应当注意：一是直观演示的内容必须与新教材有密切的联系并能为讲授新教材服务；二是要让学生明确观察的目的，掌握观察的方法；三是教师要抓住时机提出问题并引导学生积极思考。

**（六）实例导入法**

学生的学习以书本为主，而书本知识对学生来说一般比较抽象和概括，因此，从生产生活中选取一些生动形象的实例进行引入和佐证，使抽象的知识具体化，让深奥的道理通俗化，不仅能激发学生的兴趣，而且有助于学生具体生动地理解知识。这种方法，各科教学都可以采用。但运用时要注意：选材要典型、生动、浅近、具体，并且紧扣教材，引证准确。

**（七）典故导入法**

通过寓言、生动有趣的故事或典故、传说等激发学生兴趣、启迪学生思维，创造一种情境，可以使学生在轻松愉快的气氛中进入情境，一开始就吸引住学生。学生一般都爱听故事,特别是一些科学性、哲理性很强的故事更受学生欢迎,在各学科的发展史上都有许多动人的故事,如科学家的趣闻轶事、某些公式原理的发明过程及一些发明创造的诞生等,从中选取一些适当的片段,不仅有助于学生思维能力的培养,还可以引起学生学习本学科的兴趣,因此不失为一种好的导入方法。当然典故的选用须有趣味性、启发性和教育性。故事还要注意两点:一要短小精悍;二要针对性强,能为讲课主题服务。如果东拉西扯不上路,就达不到开好头的目的。

**(八)衔接导入法**

衔接导入法又称旧知识导入法,主要是根据知识之间的逻辑联系,找准新旧知识的联结点,以旧引新。运用此法要注意以下四点。

第一,认真分析教材并深入了解学生,找准新旧知识的联结点。要提示或明确告诉学生什么是新旧知识联系的支点,以引导他们思考,从而明确新旧知识之间的联系,进入新的学习。

第二,搭桥铺路、巧设契机。复习、练习、提问等都只是手段,一方面要通过有针对性的复习为学习新知识做好铺垫,另一方面在复习的过程中通过各种巧妙的方式设置难点和疑问,使学生思维暂时出现困惑或受到阻碍,从而激发学生思维的积极性,造成传授新知的契机。

第三,要精选复习、提问的旧教材内容和编排习题,使之与新内容之间有一个紧密联系的“支点”,从复习到讲授新课过渡得连贯自然。

第四,因材施教,方式多样。学科不同,内容不同,衔接的方式也应有所变化。如音乐、美术、体育一般多采用练习、演示的方式,先让学生练习一下上节课的动作或技巧,看是否掌握和熟练,再进行矫正和指导,然后传授新的内容。而语文、外语等课则常借助于提问、讲述、引证来进行。数学则是练习、复习、巩固前面所学的知识,或以此为基础展示新的矛盾和问题,让学生思考。巧妙有效的导入不仅能点燃学生思维的火花,而且能拓展学生的想象思维、激起师生间的情感共鸣,是师生心灵沟通的桥梁。

## 第三节 现代课堂教学语言艺术

课堂教学语言是教师用于教学的工作用语。是教师在课堂上根据教学任务,针对教育对象,使用规定的教材,按照一定的方法,在有限的时间内,为达到某种预期的效果而使用的语言。

### 一、课堂教学语言艺术的特点

课堂教学语言艺术除了具备各种语言艺术的共同特征外,还显现出与其他语言艺术明显的差异,有它自身的特点与要求。

#### (一)科学性

科学性是教师语言艺术的基本特征,这一特征是由教师工作性质决定的。课堂教学主要是向学生传授科学知识、技能,因此保证语言的科学性是教学的前提条件。语言的科学性主要体现在表达的内容和表达的方式两方面。在内容表达上,要使传授的知识准确无误,要做到释义准确,正确地划定概念的内涵和外延,揭示事物的特征和本质,解说现象的原因和机理,通过恰当的举例,深化教学内容。在表达的方式上,要用语贴切,句法正确,语意准确,决不能用想象和猜度代替严密的推理和科学的论证,不能用语言的夸张和跳跃代替由浅入深、由感性到理性的严密阐述。加强课堂教学语言的规范性,应讲普通话,语音准确,能熟练运用专业术语、专业名词。这里要求教师尤其是新参加工作的教师更应该做到认真钻研教材,字斟句酌,这样才能在课堂上使语言有科学性、逻辑性,不违背科学。

#### (二)针对性

所谓教师课堂教学语言的针对性,是指教师在课堂教学过程中要根据学生的实际情况,采用使学生能够接受的语言进行教学。教师的工作对象是学生,而学生是千差万别的,教师在运用语言技能技巧时,应因地因时因事而异,决不能千篇一律,单调重复。教师语言的针对性是指教师在讲话时针对不同对象,在不同时间、不同地点,选择不同的语言表达方式。教师语言的针对性要符合以下几点要求。

1.教师应注意学科语言的层次

根据不同学科所在层次,使自己的教学语言充分体现出本学科的风格和特点。如在语文教学中,教师应该对每课教材深入钻研和细致分析,弄清要讲的语言知识的来龙去脉,掌握其确切的含义和规律,精心组织教学语言解读,确定怎样开头,怎样过渡,怎样结尾。

2.教师课堂教学语言应注意学生的个体差异

由于学生先天遗传、后天生存环境与接受教育程度的不同,他们的学习水平、学习方法必然各异。这便要求教师因材施教,对于优等生,教师的语言要严肃、庄重,以防其产生骄傲情绪;针对中等学生和学习有困难的学生,教师的语言要平和、体贴,多表扬而少批评,以防学生产生逆反心理。

3.教师课堂教学语言应注意学生性别的差异

针对不同性别的学生,选择不同的语言方式。一般来说,男生性格粗犷,说话率直,对外界事物的刺激反应较迟钝,教师的言语语气重一点,他们通常不太在乎;而女生性格相对温和,说话委婉,对外界事物的刺激反应比较敏感,一旦教师语言不慎,她们就会吃不消。因此教师对男生与女生谈话应该采取不同的语言方式。

4.教师课堂教学语言应注意时间、地点的差异

谈话的时间、地点、场合,对谈话的效果影响是很大的。如果时间、地点、场合选择不好,有时谈话效果适得其反。一般来说,能在课下谈的就不要在课上当着全班学生批评。下课后,找一个僻静的地方推心置腹地谈。能避开其他教师,就不要当着许多教师批评,可以到操场一角,花园一角幽静之所谈,效果会更好。

**(三)教育性**

课堂教学是教书育人的特殊活动,教育性是课堂教学语言的职业性或角色性要求。一般来说,课堂教学语言的教育性可以直接通过正面的思想品德教育的语言来实现,也可以在传授知识信息的整个过程中,将"育人"的因素渗透到教学语言中。教育家苏霍姆林斯基在其《给教师的一百条建议》中,十分诚恳地要求教师"在讲述太阳系的时候,要使自己的语言充满对那些反对因循守旧、反对愚昧无知、反对精神上奴役人民的思想家的深深尊敬。要使那些为真理而斗争的思想家的形象留下鲜

明的印象，要使青少年心目中产生这样一种想法：凡是真理都是革命的”。同时，“在物理、化学、语文、数学课的讲堂上讲授教材时，不要只是毫无感情地说明真理，而是要使青少年沿着科学艰险道路做一次富有探索精神的、充满为真理而斗争的崇高动机的旅行”。其目的显然是强调教书与育人要同步进行，课堂教学语言必须体现出教育性。

具体地讲，我们认为课堂教学语言的教育性主要表现在：第一，要使用具有积极的思想内容的教学语言，从而能够激发学生喜怒哀乐和爱憎分明的情感，引起他们的体验和感受，进而影响他们的思想和行为。第二，要使用健康的、具有正面引导作用的教学语言，用词文雅、纯洁、有分寸感和教育性。第三，要使用有助于融洽师生关系的语言，民主平等、互尊互爱的师生关系，是教育教学取得成功的重要保证。

**（四）课堂教学中语言艺术具有启发性**

教师课堂教学的主要目的在于培养和发展学生的思维能力和创新能力，这就要求课堂教学语言应当含蓄深刻、耐人寻味、发人深省。要能创设问题的情境，点燃学生好奇求知之火，把学生的思维推向积极状态，使学生在旧中求新、易中见难、平中出奇，能由“此”及“彼”，由“因”及“果”，由“表”及“里”，由“个别”到“一般”。当然，教师还应巧妙把握启发教学的火候，才能更好地发挥课堂教学语言的启发作用。启发，就其实质而言，是一种广泛开阔的联想活动，有着宽广的领域。真正意义上的启发式教学，是让学生展开比较复杂的思维演绎、归纳、综合与分析，目的是培养学生的思维能力。启发式教学可以激发学生的学习积极性，促进学生积极思考，提高学生学习的自觉性和主动性，培养学生的学习能力和活力，造就学生的进取精神，活跃课堂气氛。

**（五）课堂教学中语言艺术具有激励性**

教师激励性的语言可以打动学生的心，使学生产生强烈的共鸣。教师语言的主导对象是学生，学生处于成长时期，他们的自尊心很强，也特别敏感，面对这样的交际对象，教师应注意保护他们的自尊心，鼓励他们积极上进，教师应把自尊、自爱、自我调整的权力留给学生。所以教师语言必须具有非常强的感召力，最佳效果是：号召时，要让学生听了以后，精神振奋，干劲倍增；抒情时，要让学生听了如沐春风，心旷神怡；点拨时,要让学生低头沉思,豁然开朗。

教师讲话的激励性,有一个最低标准,那就是在教育过程中在用词方面多用激励性的语言,如“很好、真棒、有进步、相信你能行、你的回答很有创造性,一定会取得更好的成绩”等。即使不满意,也可以说“再想一想,会不会有令人更满意的结果”。总之,教师一定要努力使自己的语言充满感情的魅力,富于人情味,缩短师生之间的情感距离,让学生感到有一种信念的力量渗透在自己心里,以此鼓励学生确定自己的价值,发挥自身的潜力。

### (六)课堂教学中语言艺术具有动态性

体态势语言是一种运用动作、姿态、表情等传递信息的语言。体态势语言包括面部表情、体态动作等,这种无声语言显然是有声语言的有效补充,“言之不足,不知手之舞之,足之蹈之”。在课堂教学中,体态势语言是教师与学生进行信息交流的一种方式,具有直观性、暗示性和感召性。运用好体态势语言这种无声的语言,可起到“此时无声胜有声”的效果。美国心理学家艾伯特,梅拉别恩根据实验指出,“人们获取的信息量,7%来自文字,38%来自语言,55%来自面部表情”,可见体态语言在传递信息中的重要作用。教师在课堂教学中,可以根据教学的需要运用优美的手势、会意地点头、深意的眼神、富有情感的面部表情、形象生动的体态动作,创造出丰富多彩的语言情境,给学生以深刻的印象和强烈的感染,使学生更好地领悟教师表达的意图。体态势语言运用要自然得体,否则会事与愿违,适得其反,不仅会影响教学效果,还会有损教师在学生心目中的美好形象。因此,运用体态势语言一定要慎重。[①]

## 二、课堂教学语言艺术的类型

教学语言艺术的分类研究,是建立在教学语言艺术丰富多彩的基础之上,是根据教师运用教学语言提高教学质量与效率的实际需要而提出来的,是既具理论价值又富有实践意义的重要课题。

### (一)根据教学语言的功能性质分类

1.系统讲授语言

系统讲授语言主要是指教师在课堂教学中以全班学生为对象系统讲

①汪建红,马锦绣.以学为中心的课堂教学研究[M].杭州:浙江大学出版社,2017.

解和传授科学文化知识的教学语言。这类教学语言的特点是:①能够充分体现教师在教学过程中的主导地位和教学艺术才能,易于形成教师独特鲜明的教学语言艺术风格。②教学语言表达的内容科学性强、专业特点突出。③教学语言的形式逻辑性强、系统完整、层次分明,利于学生感知、理解和记忆。④教师可以根据学科内容、学生特点预先精心设计、巧妙安排,增强教学语言表达的艺术效果。⑤可以高效率、高质量地完成系统讲解和传授科学文化知识的教学任务,促进学生的知识、技能、品德等方面的发展。系统讲授语言可以适用于各级各类学校的各门学科的教学,是教师教学使用最广泛的语言类型。

2.个别辅导语言

个别辅导语言主要是指教师在课内外教学中以个别学生为对象辅导学生学习的教学语言。这类语言的特点是:①高度尊重学生的主体地位,充分调动学生的学习积极性,关注学生的个别差异和个性特点。②教学辅导语言针对性强、利于因材施教,使学生能够了解自己的优缺点,补偏疗弊、长善救失。③要尽量适应学生的不同要求,语言形式灵活多变,一般难于事先设计。④辅导语言要求精于启发、巧于点拨、善于激励、长于指导。⑤可以帮助学生查缺补漏、解疑释惑,使学生形成正确的学习态度,掌握有效的学习方法,培养良好的学习习惯。

个别辅导语言与系统讲授语言紧密配合,互为补充,相得益彰,是提高教学质量、促进所有学生全面发展的不可缺少的语言类型。

3.组织协调语言

组织协调语言主要是指教师在教学中组织教学活动、协调教学关系、控制教学进程的语言。组织协调语言又可分为以下几种。

(1)指令语言

如“请把书翻到第10页”“请看黑板上的例题”“xx同学,请回答问题”“大家一起来思考”等。指令语言应当明确具体、简短精练、热情文明,切忌模糊抽象、冗长杂乱、冷淡无礼。

(2)商讨语言

如“这堂课我们这样上好不好?”“你们希望老师讲什么呢?”“下面我们就做练习吧?”等。商讨语言应当体现民主的精神,尊重学生的选择,培养学生的参与意识,使教学真正成为双边活动。

(3)衔接语言,或称过渡语言

教学要点的衔接、教学活动的转换,都需要有中间过渡语言,才不致使教学要点间缺乏联系、教学活动的变化显得突兀。衔接语言应当前后呼应、穿线贯珠、起承有序、转合适度,才能将整堂课组织得严谨细密、天衣无缝。

(4)调节语言

通过恰当的褒贬评价,强化或改变学生的学习活动,以调节控制教学进程。教学调节语言应当实事求是、程度适当,方法因人而异,形式丰富多样。正确利用语言的调节功能,是语言控制要深入研究的一大课题。

**(二)根据教学语言的信息流向分类**

1.单向传输语言

单向传输语言又称独白性语言,是指教师在教学中向学生进行单向输出的语言。此类教学语言的特点如下:①语言信息密集、流畅。②能较好地体现教师的教学意图。③语言传输的效率高、质量好。④语言表达过程易于自主调控,因而可以精心设计。⑤要求学生具有相应的语言接收能力。⑥可以给学生以良好的语言示范,培养学生的语言鉴赏能力、语言感受能力和语言表达能力。⑦语言效果取决于教师的语言艺术水平高低等。

2.双向对话语言

双向对话语言,是指教师和学生以平等的身份,在民主融洽的气氛下,进行生动活泼的双向对话的语言。此类教学语言的特点如下:①语言的情境性增强,要求教师具备灵活机智的语言应变能力。②语言流程出现曲折,语言信息传递效率受到影响。③语言反馈的即时性增强了语言的实际效果。④语言主体的平等地位,使师生双方都有了主动参与的积极性。⑤语言信息的不断交换,提供了师生教学相长的可能性。⑥可以增加学生语言实践的机会,锻炼学生思维的灵活性和即时口头表达能力。

3.多向交流语言

多向交流语言是指教师在教学中有目的地组织学生进行座谈、讨论、争辩的语言。此类教学语言的特点如下:①教师以主持人的身份,组织和导演教学“话剧”。②教师的语言具有鲜明的主导性和组织功能。

③语言流程具有不确定性,这增加了教学语言设计的难度。④语言信息的多向流通,使教学活动结构呈现立体交叉网络状态。⑤语言气氛的活跃,会激发师生思维的积极性和语言表达的兴趣。⑥语言信息的碰撞,增加了语言活动的教育价值。

**(三)根据教学语言的表达方式分类**

1.说明式语言

说明式语言是指教师在教学中给学生解说事物、剖明事理的语言。它要对事物的形态、性质、构造、成因、种类、功能或事理的概念、特点、来源、关系、演变等做清晰准确、通俗易懂的解说剖析,以帮助学生加深理解、形成概念。常用语句有“这就是说”“它的意思是”“换句话说”“我们可以把它理解为”“打个比方说”“它的理由是”等。这可以分为定义说明、诠释说明、比较说明、分类说明、比喻说明、举例说明、数字说明、图解说明等不同类型。

(1)定义说明

就是用简练、概括的语言给事理下一个明确的定义,以揭示其本质内涵。如“什么是词? 词就是最小的能够独立运用的语言单位。”

(2)诠释说明

诠释说明或称解释说明,它不同于定义说明,定义是对事物本质属性的简明而抽象的揭示,而诠释是对事物的各方面特征做具体而详细的解说。如《白杨礼赞》的解题:“礼”是顶礼或敬礼,“赞”是赞美,题目的意思就是“对白杨树顶礼赞美”;“顶礼”是佛教的最高礼节,顶礼的人跪下,用头顶着受礼人的脚,题目中用“礼”这个词极言了对白杨树的崇敬之情。

(3)比较说明

它是把两个以上的、彼此存在一定联系和相同点的事理放在一起,从对照、比较中说明它们各自的特点和区别。如语文课中的同义词的词义辨析等。比较有对比(正反比较)、类比(同类比较)、纵比(前后比较)、横比(左右比较)等不同方式。

(4)分类说明

分类说明或称划分说明,它是为了揭示事理的类属性,而把它分成若干类逐一说明,从而达到明确事物的对象范围或概念的外延情况的目的。

(5)比喻说明

它是指使用恰当的比喻来揭示某一抽象事物的含义。如有位教师为帮助学生理解“原子结构”的含义,就做了比喻说明:“假如原子是万人体育馆,那么原子核就相当于悬挂在万人体育馆中央的一根玻璃绳子。可见,原子内部的绝大部分是空的,电子就在这‘空间’里不停地高速运动。”比喻生动形象、新颖有趣,可起到化难为易、辅助说明的作用。

(6)举例说明

举出具体、典型的事例也可在一定程度上达到说明有关事理的目的。一般对列举的事例要做精当的分析,揭示它与有关事理的联系,才能起到辅助说明的作用。选取的事例要贴切、通俗、针对性强、富于启发,才会增强说明的效果。举例不加选择,既多且滥、缺乏分析或分析不当,对于说明问题非但无益,反倒有害。此外,说明式语言还有数字说明、图解说明等方法,此不赘述。

2.叙述式语言

叙述式语言是指教师在教学中将科学文化知识向学生做较客观的介绍的语言。特别是把人物的活动、经历,事情的发生、发展或整体的变化过程具体表达出来,使学生获得脉络清楚、系统完整的有关知识或事实。

(1)纵式叙述

纵式叙述就是根据事物整体在时间上的联系性进行的叙述。纵式叙述适用于介绍具有时间性联系的知识,如历史事件、人物经历、故事情节、工艺程序、技术措施等。纵式叙述又有顺叙、倒叙、插叙、补叙、分叙等区别。顺叙是按人物的经历或事件发生、发展的先后顺序进行的叙述。它的特点是线索清楚、层次分明,符合人们认识事理的习惯,是一种最常见、最基本的教学叙述方式。倒叙是把事物的结局或事件中最突出的片段提到前面,然后再按时间顺序叙述过程的起始和展开。其特点是突出结果、造成悬念、激发兴趣、引人入胜,但切忌故弄玄虚、倒人胃口。插叙是叙述事件时暂时中断原叙述线索而插入另一事件的介绍、交代。其特点是加大了叙述容量,使叙述富于情趣和变化。许多优秀教师都好用“课堂插曲”来活跃教学气氛。补叙又称追叙,是指叙述到一定阶段,对前面的内容作某些补充叙述。其特点是位置后移,起丰富、补充的作用。分叙又称平叙,是对同时发生的两件(或多件)事进行分别平列的叙述。通常采用“花开两朵，各表一枝”的方法。其特点是使头绪多的事理叙述得层次清楚、有条不紊、扣人心弦。

（2）横式叙述

横式叙述又称并列叙述，横式叙述就是根据事理的非时间性联系进行的叙述。横式叙述适用于介绍具有非时间性联系的事理知识。如下面这段地理知识的介绍就属横式叙述：“北欧各国都是发达的资本主义国家。丹麦有发达的乳、肉畜牧业和家禽饲养业。挪威的渔业和航运业久负盛名，石油是它的新兴的工业部门。芬兰利用本身丰富的森林和水利资源，发展了木材加工和冶金工业。芬兰还是世界上纸浆和纸张重要出口国之一。冰岛的经济以渔业为主。”横式叙述，按其所叙内容的逻辑关系，可有空间远近关系排列的横式叙述、内容主次轻重关系排列的横式叙述、因果先后关系排列的横式叙述等具体方法的区别。

（3）交叉叙述

交叉叙述又称纵横式叙述，交叉叙述就是把纵式叙述与横式叙述结合起来进行。其特点是纵横交叉，组成立体网络结构。它又可分为纵纲横目式叙述，即以历代时间纵向线索为纲，以各代著名教育家横向联系为目进行讲述。而如要讲授西方近代各国的教育发展史，就得采用横纲纵目式叙述，即以西方各国横向关系为纲，以各国教育的纵向发展为目进行讲述。

3.描述式语言

描述式语言是指教师在教学中把有关内容直观形象、生动逼真地描绘出来的语言。其特点是通过摹态传神，使学生如见其人、如闻其声、如临其境，从而丰富感知、加深印象，并受到强烈的艺术感染。它可以分为以下几种具体方法。

（1）写意描述

写意描述又称白描，写意描述是指教师在教学中用朴素简练的语言，寥寥数语即将描述对象的主要特征勾勒出来。如有位教师讲秦朝灭亡时就采用了写意描述法。他说：“公元前206年，刘邦率领的起义军进入咸阳。继位只有46天的秦王子婴，乘白马素车，脖子套着丝绳，双手捧着玉玺，在城外躬身迎接，表示投降。至此，陈胜、吴广在大泽乡点燃的革命烽火，终于烧毁了想要万世一系的秦朝。可见事与愿违，秦朝不仅没能万世一系，到头来只落得个二世而亡，历史又翻开了新的一页。”

(2)工笔描述

工笔描述又称细描，工笔描述是用细腻的语言，对描述对象的某些方面做精雕细刻的描述。其特点是语言细密、色彩浓郁、细腻逼真、可知可感。

## 三、课堂教学语言艺术的基本要求

教师的课堂教学语言是指教师在教学过程中所使用的语言。它是一种专门的行业交际语言，对教学效果具有决定性的意义，教学实际上是教师把自己内在的知识和意向外化为语言、动作、表情等活动呈现在学生面前，让学生理解和掌握。教学实践表明，学生的知识学习同教师的教学语言有着显著的关系。我国著名美学家朱光潜指出：“话说得好就会如实地达意，使听者感到舒适，产生美感，这样的说话，就成了艺术。”课堂教学语言艺术是指教师创造性地运用语言进行教学的艺术实践活动，是教学艺术最基本、最重要的组成部分，也是教师最主要的教学手段，综合地反映了教师的全部教学素养，因此培养教师课堂教学语言的艺术性十分必要。

### (一)口头教学语言的基本要求

教学口语是教师在课堂这一特定场合，运用有限时间，面对学生这一特定对象，完成教学这一特定任务所采用的口语体式。

1.寓意深刻准确明晰

(1)深刻的教育性

教师的全部教学活动都贯穿着明确的教育目的，在教学过程中，教师必须将教学与教育有机地结合起来，渗透“育人”的因素，使学生不但学到专业知识，而且受到启发和教育。具体地讲，课堂教学语言的教育性主要表现在以下几个方面。

第一，思想性。社会课堂的教学语言，必须体现政治方向，反映先进思想和高尚情操，要以积极的、健康的语言去启迪学生的心灵，陶冶学生的情操，使他们树立起远大的理想，刻苦学习，积极向上，成为具有时代精神的新人。

第二，道德性。课堂教学用语要文明礼貌，尊重学生人格，要坚持以理服人、民主治学，要在语言的运用方面成为学生的表率。绝对不能讲粗话、脏话，不能用讽刺的语言或者是奚落的口气对学生讲话，不能讲庸俗的笑话以及用不雅的口头语。

第三，激励性。在课堂教学中，教师对激励性语言的使用绝不能吝啬，要不时地给予学生积极的表扬："你真棒！""你真聪明！""真了不起！""你真是一个心灵手巧的孩子！""你的想法很有创意！""老师真为你骄傲！""全班同学都愿意为你鼓掌！"教师在教学中如能恰到好处地运用这些激励性语言，就会让学生对自己充满信心。

第四，暗示性。这种语言把深刻的教育性蕴含在科学、幽默之中，令其深思、领悟。例如，有的教师在讲柳宗元《捕蛇者说》中"赋敛之毒，有甚是毒者"时，告诉学生：永州的老百姓不怕毒蛇，甘冒生命的危险，在所不辞，为的是逃避赋敛之毒。这样的表达就有力地揭露了统治阶级的残暴，学生听了深受教育。又如教学生"骂"字，就要讲"不骂人的骂"，不要讲"骂人的骂"。虽然仅一字之差，却关系到对学生是否坚持正面教育的问题。

(2)准确的科学性

教师所教的各门学科，不论是自然科学，还是社会科学，都是科学知识。科学知识，必须借助于科学的语言来表达。实际上，课堂上学生是按照教师所用的语言形式来学习领会知识和思想的，是沿着教师的语言拓展思路，进行思维和想象的。教师的有声语言作为物质形式的刺激物，它表达的意义只有被学生接受才构成真正的教学活动，才能够使学生掌握科学知识。因此，教师的教学语言要做到准确的知识性、严格的规范性、思维的逻辑性、有序的系统性。

第一，知识性。无论是自然科学还是社会科学，知识的传授是第一要求，而且知识的传播要准确，否则会谬种流传、误人子弟。教学语言要有准确的知识性，教师应当对知识掌握准确、精练，特别是对那些重要的概念、难点、定理、定律和原理等的表述、解释，来不得半点失真和含糊。要反复掂量所用词汇、句式的意义、内涵，甚至感情色彩，保证传情达意，恰如其分，恰到好处，真正准确精当。

第二，规范性。教师职业口语的规范性，是由教师工作的性质决定的，青少年学生对教师有崇敬感和信任感，喜欢模仿教师的一言一行，教师的言传身教时刻都在影响感染着学生，如果说教师的行为是无声的语言，有形的榜样，那么教师的语言就是有声的行动、无形的楷模。教学口语的示范楷模作用，决定了教学口语必须力求规范。

第三，逻辑性。科学知识是正确反映客观事物的内在联系的，它本身有严密的逻辑性。德国哲学家黑格尔说："任何科学都是应用逻辑的。"这就要求，传授科学知识的教学语言必须具有严密的逻辑性，做到层次分明，句句扣题，简洁明快，不东拉西扯，也不猛然跳跃，使学生听起来脉络清楚，泾渭分明，能启发思维活动，此外要求教师要遵循逻辑要求，不能违背逻辑上的种种规律，如同一律、排中律、矛盾律、充足理由律等，论证要周密，不要偷换概念，不要以偏概全，要立论有据而无懈可击，严密的逻辑性会产生一种吸引力，吸引学生。

第四，系统性。所谓系统性，就是按事物发展的顺序，讲课有条理，头绪清楚，层次分明，不凌乱，把一堂课的讲授记录下来是一篇完整的文章，这就要求教师的语言表达必须层次清楚，条理分明、重点突出、取舍有制，富有系统性。

2.生动含蓄活泼形象

(1)方式的启发性

在全面推进素质教育的进程中，更加注重对学生思维的开发。学生获取知识的过程应该是教师引导的过程，而不是"给"的过程，这就要求教师的教学语言要具有启发性，也就是说，教师的语言要含蓄隽永、发人深省、耐人寻味，同时还要掌握好启发的时机，要"不愤不启，不悱不发"。教学语言的启发性在于把握"引而教"和"求而学"的原则，教师要达到"讲是为了不讲""教是为了不教"的目的。教学语言方式的启发性要通过巧提问、巧点拨、巧停顿、巧暗示、巧举例来实现。

(2)直观性

教师在课堂上运用形象活泼的语言进行讲解，能够给学生以感性知识，起到直观的作用。教学语言的形象化和生动活泼在课堂上有很重要的作用。教学语言的形象感越强，越能使学生容易理解所学的内容。同时，通过学生的重新组织、加工，还能在大脑里创造出新的形象来。

第一，通俗性。就是以浅显明白的语言形式表达深刻和专门化的学科内容。不通俗，学生就不懂，不懂学生就不能产生对知识的兴趣，没有兴趣就没有对知识的渴求。

第二，形象性。夸美纽斯在《大教学论》中说："一个能动听地、明晰地教学的教师，他的声音，便像油一样侵入学生的心里，把知识一道带进去。"反之，如果教师的语言平淡无味，听起来如同嚼蜡，不仅教学效率不高，还会给学生带来精神上的痛苦。

第三，趣味性。课堂教学语言的趣味性是指教师在课堂教学中要使用风趣机敏、机智幽默的语言，能像磁石一样吸引学生的注意力，唤起学生浓厚的学习兴趣。

第四，情感性。教师的教学语言要富有激情，以自身激昂的情绪感染学生，使自己的教学语言能煽起学生的思维热情，起到"扇子"作用。

第五，节奏性。课堂教学语言要讲究节奏感，要快慢得当，轻重有度、疏密相间、张弛适宜。教学语言区别于生活语言的地方，就在于它的节奏不同，一般来说，教学语言比生活语言要慢，要有层次、有停顿，声音要洪亮，咬字要准确，发音要规范，说话速度快慢适宜，语调要自然有序，有板有眼，有如春雨点点入地。这样，学生听起来才会从容不迫，能思，能记。因此，教学语言的运用要掌握好节奏，做到抑扬顿挫、起伏跌宕。

3.因人制宜，灵活运用

（1）针对性

所谓教师课堂教学语言的针对性，是指教师在课堂教学过程中要根据学生的实际情况，采用使学生能够接受的语言进行教学。

第一，注意学科语言层次。根据不同学科所在层次，使自己的教学语言充分体现出本学科的风格和特点。如文科教师的语言强调准确鲜明、生动形象，而理科教师的语言则应言简意赅、富有逻辑。

第二，注意学生年龄层次。对于小学生，教师要多运用形象、直观的情景语言进行教学，而对于中学生和大学生，教师则应用生动活泼的说理性与逻辑性强的语言进行教学。

第三，注意学生个体差异。老师要因材施教，对于优等生，教师的语言要严肃、庄重；而对于一般学生，教师的语言要平和、体贴，多表扬而少批评。

第四，注意学生性别差异。教师在课堂教学中，对男生宜采用较直率的语言交谈，而对女生宜采用比较委婉的语言交谈。

(2)灵活性

教学语言既不能像闲聊天那样“散”,也不能像做报告那样“板”,更不能像说书或相声那样“虚”或“俗”,而应该像和煦的春风,淅沥的春雨,滚烫的火焰,能吹开学生求知的门槛,能融进学生的心田,能点燃学生的学习火把。在实际教学中,要灵活运用语言,不能千篇一律,千课同调,把课讲活,唤起学生视觉、听觉和心理美感,让学生在课堂上“如沐春风”。

**(二)体态语言艺术的基本要求**

体态语言,又称教态,包括教师的手势、表情、眼神、体态、仪表等若干方面。它弥补了教师口头传授、文字板书等方面的不足,融知识性、趣味性、实用性和直观性为一体,将抽象的事物形象化,将未见过的事物直观化,将平面图的内容立体化,将死板的图形动感化,从而渲染课堂气氛,使课堂教学富有生机和活力。教师在教学时要与体态语言恰当配合,要与体态语言灵活运用,构成精妙入微的体态艺术,达到“此时无声胜有声”的效果。

1.姿态仪表语

作为教师,必须为人师表。表现在姿态仪表上,要做到站有站相,坐有坐相。同时也要重视自己的穿衣打扮,衣着要干净利索、美观大方,具有教师的职业特点。

(1)掌握距离,注意时机

人体语言学研究表明,人际距离是人际关系密切程度的一个尺码,人们之间的关系与人在空间位置上所保持的距离有着某种联系。因此,教师要经常接近学生,尤其是在课间和课余,经常置身于学生中间,这样,师生之间就会亲密无间,进行轻松愉快的交流。

(2)姿势优雅,风度得体

教师讲课的姿势和风度,直接影响到学生学习的兴趣。好的姿势、得体的风度,能给学生以美感,集中学生的注意,调动学生的主动性,帮助学生更好地理解和掌握知识。这就要求教师在课堂教学中,要使身体的造型、头部的运用、眼睛、手势的运用都文雅、得体、贴切,做到自然大方,带出感情,协调一致。如教师站立的姿势应给人以挺拔、稳健、激越、活跃之感,手的运用应灵活、自然。

2.面部表情语

美国的一位心理学家通过做实验,得出了一个公式:信息效果=7%的文字+38%的音调+55%的面部表情。该公式是否准确还有待证实,但至少我们可以得出面部表情在信息传递中的重要作用。因此,我们提倡教师做到以下几方面。

(1)心神合一,情绪饱满

要想使自己的体态真正起到传情达意的效果,教师必须做到心到神到,情绪饱满,精神振奋,气势雄厚,态度端庄且和蔼,感情充沛又热忱。如提出问题后,轻轻皱眉,以示思索;当学生答非所问时,缓缓摇头,以表示有疑问;当回答令人满意时,轻轻点头,表示赞同;当学生一时不能回答,将手轻轻下压示意学生坐下,表示尊重和爱护。恰当的体态语必须建立在心神合一、情绪饱满的基础之上。因此,教师必须有乐观振奋的精神,饱满高涨的情绪,健康良好的思想,才能使体态语充满感情,富于变化,以获得较好的教学效果。

(2)脸部表情,和蔼亲切

人们常说:出门观天色,进门看脸色。教师的面孔是放大了的晴雨表,是情绪变化的表征。教师要善于用脸孔说话和表演,做到端庄中见微笑,严肃中有柔和,切忌板起面孔、拉长脸。这样才会给学生一种自然、明朗、民主的感觉。从而造成学生积极的情绪和愉快的心境,以利于知识的掌握。

(3)运眼传神,富于变化

“眼睛是心灵的窗户”,是人们交流信息、传递感情的主要工具。心理学家认为,眼睛可以表达无声的语言,眼神里有丰富的词汇,通常比有声语言更具有感染力。眼睛在教学中的神奇功能表现在:它是沟通师生心灵的窗户,是课堂上建立和维持师生关系的纽带,是课堂管理的重要手段,是课堂教学反馈调节的主要工具。眼神在教学中可以用来表扬、赞同、默许,也可以用来批评、限制、否定,还可以用来启迪、提示。师生之间各种思想与感情,都可以通过不同的眼神来传递。教师在教学中要善于用眼传神,特别是在文科教学中,要把喜怒哀乐、褒贬扬抑和爱憎亲疏的不同感情色彩融进眼睛之中,以眼神表现出来。

3.手势动作语

以手势助说话，把学生带入“角色”，对组织教学和增强教学效果十分重要。

（1）点头用手，恰到好处

教师在教学中善于运用头的摆动表达意图，能给人一种亲切、含蓄、深沉、暗示之感。教师应该充分发挥手势的作用，做到自然、舒展、大方，动要准，仿要像。要节制手势活动的频率，注意摆动的幅度，切不可不停地比划，频繁地画图，或插入衣袋，或拢于袖内。手势的范围，上限一般不超过头，下限不低于胸，范围太大容易流于滑稽。一般来说，“手势在上区（肩部以上）活动，多表示理想的、宏大的、张扬的感情；在中区（肩部至腹部）活动，多表示记叙事物、说明道理；在下区（腹部以下）活动，多表示不悦、鄙夷、厌恶、憎恨的情感”。教师要充分理解手势在不同活动区域所表示的意义，以正确、灵活、恰到好处地使用手势。

（2）掌握技巧，综合运用

每个教师都可根据自己的教学实际创造独特的使用方法和技巧，但上述的一些规律性东西是应该遵循或做参考的。例如，对学生表扬时，头会轻轻地点，脸会绽出笑，手会形象地比划，目光会明亮而柔和，距离会尽量靠得近。除了重视体态语言的整体功能外，还要把课堂上的体态语言同口头语言看作一个整体，它的作用只有同口头语言结合起来才能发挥更大的作用。

**（三）板书语言艺术的基本要求**

板书作为一种文字语言，是教师授课的重要辅助手段之一，有“微型教案”之称。但要充分发挥板书的作用。做到恰当的选择和运用板书，应该按照下述三项要求去做。

1.条理美

（1）精心设计，充分准备

板书设计是教师备课的一项重要内容，因此，要认真设计板书，做到周密计划，巧妙安排。

（2）区分主副，合理布局

板书一般分为主板书和副板书两个部分。主板书一般设置在黑板的左侧或中间偏左。以讲授的内容要点、论点论据、逻辑层次、分析要点、概括结论为内容。要求书写清楚，结构严谨，层次清晰，以供学生抄录记忆。而副板书主要是配合主板书书写一时难以理解的字、词、术语、符号，它可根据需要随擦随写。合理布局是指计划使用黑板，根据内容的多少和黑板的大小，适当地划分部位，精心设计。

（3）提纲挈领，重点突出

提纲挈领，要求板书能概括讲课的主要内容，使其真正成为见解的提要和纲领；要规范化、条理化、系统化，有一个统一的格式，“一、二、三”“1、2、3”务必排列有序；要字斟句酌，前后一致，使用陈述句和疑问句务必统一；此外要让板书突出重点，对教学中的重点内容，要以工整、稍大的字体突出来，有时可用彩色粉笔以示区别，或画上注意线段，以引起学生的注意。

（4）准确科学，系统完整

板书一定要讲求科学性和准确性，从字的笔顺、词的搭配、线段的勾画、图示的精当、内容的提炼、浓缩，结语的归纳总结，都必须具有科学性，做到准确无误。

2.简洁美

（1）简明扼要，画龙点睛

板书应以言简意明、准确精练为原则。内容不能过多、过杂、过繁，而在于“少而精”“精而活”，追求以少胜多，简处求丰。画龙点睛，主要是通过“精语妙字”，点出重点，点破难点，点到实质，点通关键，富于启发，促进思索。

（2）书之适时，擦之有序

板书出来的时间也是需要注意的一个问题。一般来说，板书应做到书之适时，擦之有序，根据教学对象的接受能力和教学的客观需要来决定。例如，具有启发性的板书，可写在推导过程之前；具有结论性的板书，应待瓜熟蒂落，写在推导过程之后；主板书应通堂保留，副板书可根据需要随写随擦；对低年级可先写后讲，对高年级可边讲边写。

（3）有的放矢，生动活泼

板书一定要有鲜明的目的性，不能盲目挥洒，信手板书。应力求做到：当书则书，当略则略，精当取舍，有的放矢，还要杜绝机械、呆板，力求静中有动，动静结合，富有生气，生动活泼。

3.规范美

(1)书写美观,字迹工整

板书本身具有示范作用,工楷整齐、端庄秀丽的字,对学生是一种艺术熏陶,起着潜移默化的作用,因此,教师板书的书写务必美观、大方、工整、秀丽。应力求做到板书的字要有正确的笔顺,整齐的间架结构,匀称的字距、行距。字要写得清晰,大小适中。

(2)设计精当,讲求美学

板书还要追求整体设计的美。因此,教师在板书时必须做到:文字美、结构美、线条美、色彩美、图示美。

(3)形式多样,因人制宜

板书设计总是受到教学对象、教学内容、教师的能力和爱好等因素的制约,因此,它的设计应形式多样,不拘一格,因人制宜,灵活掌握。

## 四、课堂教学运用语言的艺术

语言是知识信息的载体,是人类思想、情感、知识等相互交流的重要的手段。课堂教学语言艺术的目的是使教与学的交流达到最佳的理想状态。课堂教学中,教师的语言对完成教学任务、履行教育职责有着重要的作用。它既是教师教书育人的基本手段,又是一种专业化的创造性艺术。

### (一)教学语言的艺术

教学语言是教师开启学生心灵的钥匙,它独特的风韵和格调使其在语言艺术中占有重要的地位。

1.教师在课堂教学中必须注意教学语言的准确性

教学时语言所表达的内容要清晰、准确,用词规范、严谨、系统,做到精而准,牢牢抓住学生的注意力,达到句句有含义、有灼见。在课堂教学中要运用规范、标准、流利的普通话。

2.教师教学语言的逻辑性

课堂语言应该推理严密,环环相扣。课堂上教师要用逻辑的力量去吸引学生,一步接一步、一环扣一环地“征服”学生。因此,教师的课堂语言应该条理清楚、推理严密、不凌乱,不然就会使所讲内容连贯不起来。同时,教师的课堂语言也应该具有高度的概括性,简洁准确地把授课内容的重点、难点全面概括出来，学生才能对课堂内容有清晰的印象和完整的记忆。

3.教师教学语言要生动幽默

教师的课堂教学语言要生动形象、风趣幽默，才能吸引学生的学习兴趣，从而提高学习效率。幽默的课堂语言，使学生在发笑的同时领会了其中蕴含的智慧和哲理，活跃了课堂气氛，消除了紧张和疲劳。同时在精神放松的状态下积极大胆地展开创造性思维，有效地刺激学生理解、记忆能力，使学生在轻松愉快的气氛中学到了老师传授的知识，从而取得良好的教学效果。

4.教学语言要通俗易懂

在教学中教师的语言要注意做到通俗易懂，不要使用过多的专业术语，过多使用专业术语不仅会使语言枯燥无趣，同时也不利于学生的理解，影响学生的听课情绪。

**（二）肢体语言的艺术**

在教学过程中教师不仅要运用口头教学语言来传递信息，沟通感情，而且还要运用无声的体态语言来传授知识、组织教学和进行课堂管理。它不但是有声语言的补充和深化，而且发挥着有声语言不可替代的作用。

1.课堂教学中的表情语言

表情语言是体态语言中最基本的一种，它是教师向学生施加心理影响并产生积极作用的手段之一，它可以把某些难以用语言表达的微妙、复杂的内心世界准确地表露出来。因此，教师的面部表情首先一定要准确，要让自己的内心活动与外在表情相一致，面部表情的变化既要符合教学内容的要求，又要与教育意图相吻合。其次，教师的面部表情还要温和、亲切。因为这样师生之间的心理距离就会缩短，学生的思维就会非常活跃，接受信息速度就快。最后，教师的表情也须讲究分寸，不温不火、适可而止。

2.课堂教学中的目光语言

眼睛是心灵的窗口，具有出色的表情达意功能，教师和学生可以通过目光进行心灵的沟通。教师要以柔和、热诚的目光表示对学生的满意、赞许、鼓励和喜爱，以严厉、责备的目光表示对学生的不满、气恼、批评和制止。此外教师的目光一定要充满自信,不能东张西望,游离不定。

3.课堂教学中的手势语言

手势语言具有“形象鲜明、醒目和动作大”的特点,它在课堂教学中是辅助教师有声语言表情达意的有力方式。教师可以用竖大拇指、鼓掌表示欢迎或鼓励,在适当场合轻拍学生肩部表示对学生的信任与关怀。可以用手势模拟出事物的形状和大小,以加深学生的印象。也可以用手指指向板书、教具等,以引起学生对他们的注意和感知。

4.课堂教学身势语言

教师良好的身姿要求是举止得体,庄重潇洒,不卑不亢,落落大方。站立时要优美自然,给学生一种正直挺拔的感受。走动时步速适中,步履以慢、轻、静为宜,以免分散学生的注意力。教师的不同姿势会向学生发出不同的信号,无论是站着还是走动,教师的姿势都应表现得精神饱满。

5.课堂教学中的仪表语言

仪表包括了一个人的相貌、衣着、发式、装饰等,同时还与人的风度即人的性格、气质、品质、文化修养等有着密切关系。教师的仪表是自身综合素质与个性情感的外在表现,是外表和内涵的统一,它对学生有较强的示范作用。教学中教师的仪表要整洁大方、庄重典雅,给学生以朴素自然之美,令学生感到既满意又容易接受的仪表,就是最得体、最优美的打扮。在风度上,教师应当尽量做到稳健、大方、优雅、亲切、正直,给学生以信赖和亲切感。

教师在课堂教学中的语言艺术是教师个人修养和素质的综合表现。因此,教师要从根本上提高语言艺术水平,加强自身的文化修养。做到知识渊博、专业精通,端庄整洁、落落大方。使自己的课堂教学拥有独特的感人魅力和审美价值,从而提高学生的学习效率和自身的教学质量。

# 第七章 现代课堂教学讲授、调控和幽默技术

## 第一节 现代课堂教学讲授艺术

讲授是教师通过口头语言向学生系统连贯地传授文化科学知识的活动方式。它通过循序渐进地叙述、描绘、解释、推论来传递信息、传递知识、阐明概念和论证规律、定律、公式,引导学生分析和认识问题,并由此促进学生的智力与品德的发展。

讲授是最古老的教学方法,也是古今中外教学活动中最基本、最传统的教学方法,即使在现代教育和教学手段高度现代化的欧美国家,讲授仍是课堂教学活动中应用最频繁、最普遍的教学方法。

### 一、课堂讲授的类型和方法

#### (一)课堂讲授的类型

根据教学内容和学生的认知规律,我们可以把讲授分为感知性讲授、理解性讲授和总结性讲授三类。

1.感知性讲授

这是指教师讲授教材时,要用生动的、形象的、富于感染力的语言讲述事件和现象,使学生对所学内容有个初步印象,进而形成正确的表象,获得感性知识,为他们进一步掌握抽象的概念和理论打下良好的基础。感知性讲授多用于语文、历史、地理等学科和其他学科的开始阶段。例如介绍某一历史事件,描述一个人物形象或说明某些自然现象等,都可采用感知性讲授的方法,使学生对某些具体的事物有一个清晰的了解。

在感知性讲授时,必须激发学生的求知欲望,使学生做好积极感知新知识的准备,处于紧张的思维状态。这里要求教师要注意以下两点。

(1)从已知到未知

由于在课堂教学时,教师经常讲授一些学生从未见过的事物和现象,学生学习着大量无法实践的历史和地理知识,所以教师必须充分利用学生已有的知识储备,通过形象生动的语言,描述事物的发展变化,引导学生联系和想象,从已知的各种事物和知觉的形象中,推导出新的形象。从已知到未知的讲授,大体有三种情况。

第一种情况是新教材中的未知部分较多,但却有一些是已知的。面对这种情况,对新教材中的未知部分,教师要给以讲解或指点,对已知部分,则组织学生动手练习或让学生自己去学。这样可以为学生增多自己探索知识的机会,提高学生运用已知发现新知识的能力。

第二种情况是有少部分内容是新知的,而其余部分是已知的重现。面对这种情况,对已知部分可以让同学们多做练习,教师辅以必要的指点,使学生形成技能、技巧,消化理解新知识。

第三种情况,新课中的未知基本上是学生过去学过的东西,只是以不同角度、不同形式阐述,或是把那些内容重新组合而构成一种新知。例如语文课讲过记叙文,新课又是记叙文;数学课在小学讲过分数、分数的化简、分数的通分、分数的加减法,这种新课中的未知虽和学过的已知程度不同,但却是已知的引申和发展,面对这种情况,教师可做少量的讲授指导,使新旧知识发生联系,并通过学生的练习,使其获得新知识。

(2)从直观到抽象

教师在感知讲授时,除了要用形象的语言描绘和叙述教学外,还要根据学科特点和教材内容,精心设计多种多样的有助于学生掌握理论知识的感性认识活动。组织学生直接参加有关的社会实践或进行实验、观察、调查、访问等,或者运用直观教具,如图片、标本、模型、幻灯片、电影、电视等。所有这些,都是为讲授服务的,为学生更好地掌握理论知识服务的。但是在教学过程中,不能把它当作一种“模式”,不考虑教学目的、内容、课型和学生年龄,而使一切理论的学习都要机械地从感性知识开始讲授,要求事事都实践,从而去获得知识,这样势必浪费教学时间,影响学生抽象思维能力的发展。

2.理解性讲授

这是教师在学生初步感知教材的基础上讲解事物的本质和规律,使学生深入理解教材，由感性认识而能动地转化为理性认识。这个能动的飞跃要求教师必须充分发展学生的思维能力、提高学生学习的积极性。理解性的讲授教师要把握以下问题。

（1）讲清概念

这是使学生深入理解知识的基础。教师要有目的、有计划地引导学生进行概括、判断、推理，从而形成概念和理论的系统，让学生掌握知识的规律。讲清要领常用的方法：①通过对比和比较的方法，让学生自己找出事物之间存在哪些共同点。如在几何图形的教学中，教师用对比法可使学生自己形成直线与斜线、菱形、梯形、三角形、多边形等概念。②通过分析和综合的方法，把学习的对象或某一事物分解为若干部分或若干方面，教师引导学生对各个部分分别进行学习与讨论。在语文教学中，对课文的分析和写作方法的讲授就是采用这种方法。③通过归纳与演绎的方法，在对几件事物分析综合的基础上，把归纳的结论再拿到个别事物中去印证、检验，使学生所得的关于周围现实世界的知识，不仅呈现为判断式，而且呈现为推理形式。在数、理、化和语法教学中，都可利用这种方法进行讲授推进，从而使学生形成对某一事物的概念。上述方法在教授过程中通常是相互结合而使用。

为了使学生直观而形象地理解抽象概念，一些有经验的老师，通常在采用上述方法的同时，适当地利用实物、教具或实例，引导学生正确地理解概念，防止死记硬背；也有的教师运用巧妙的设喻，使学生理解较多难的概念并使其加强记忆。

（2）讲重点、讲关键、讲难点

在各种教材中，那些最基本、最重要的知识和技能是教材的重点；在重点中有些知识和技能，对进一步学习其他知识又起着决定作用，教好这些知识，就是教学的关键；但因学生缺乏有关的知识和经验，却难以理解，这些知识成为教材的难点。教师在课堂教学中，在有限的教学时间内，要使学生掌握较多的知识和技能，必须把握讲授的重点和关键，并从学生的知识基础及理解水平出发，考虑解决难点的办法。对教材重点和关键要安排较多的讲授时间，详细地加以阐述。启发学生从分析典型事例中概括出正确的结论，掌握基本概念。有经验的教师每堂课只着重解决一两个关键的问题。目标突出集中，方法灵活多样，务求学生牢固掌握。对于教材非重点和非关键性知识，可以略讲或不讲，要求学生自学，以免在教学过程中平均使用力量，主次不分。如果教材中的难点较多，可以分散难点，以简驭繁，逐步深入。由于各种教材的知识结构和体系不同，所确定的重点、难点也不同，在同一学科中，因所讲授的内容和学生接受能力不一，教学重点和关键也各异。

(3)讲思路、讲规律、讲方法

我们教给学生知识，就数量来说总是有限的。而教会学生学习方法，使他们知道怎样学习，让他们获得一把金光闪闪的“钥匙”，去打开取之不尽、用之不竭的知识宝库，则是非常必要的。古人说得好：“授之以鱼，只供一饭之需；教人以渔，则终身受用无穷”。例如阅读一篇课文，教师要教会学生怎样使用工具书；怎样找关键词语、分析句子；怎样划分段落、概括段意；怎样归纳中心思想。例如写一篇作文，教师要教会学生怎样观察，怎样获取材料，怎样构思提炼主题，怎样选择材料谋篇布局，怎样表达等。学生只有学会了阅读和写作的一般方法和规律，获得了“点石成金”的指头，才可以在知识的海洋中自由求索。教师在讲授时，还要随时指导学生区分哪些知识是一定要熟记的，哪些不必死记；教材中哪些地方容易混淆。要特别注意：怎样审题，怎样确定解题步骤，怎样论证自己的解题方法，怎样进行检查和验算，能够及早发现错误加以纠正并找出错误的原因。这样做，不仅使学生能够深刻地理解知识，而且更有利于培养学生的自学能力。

3. 总结性讲授

总结性讲授概括起来有两个内容：第一，在讲完每一章、每一节、每一课题后，教师都应进行小结，帮助学生将知识系统化，掌握知识的科学体系，促进学生思维能力的发展。例如：语文课总结文章的主旨，教师通过分析结构、划分段落、逐段讲解，学生对课文的内容有了较深刻的认识，教师只要讲清概括文章中心的方法——一看文章内容，二想写作目的，学生便能对文章的中心思想做出较好的归纳，总结和概括。第二，通过总结性讲授，有目的地发展学生的思维，加强学生对所获知识的逻辑记忆。教师帮助并引导学生了解自己已学知识中的彼此联系和关系，如分析原因、比较异同、密切联系旧知和新知、区别本质和现象等。这样，学生就能在理解知识的基础上，逻辑地记忆所学的东西，而不是孤立地、片面地、机械地记忆它们，这对学生系统地理解和应用知识都有重大作用。

总结性讲授的目的，在于把零星的知识连贯起来使之系统化。但我们切不可把它视为一成不变的“教条”，忽视它的可变性和多样性。所以我们应根据具体情况，做灵活多样的安排，不要拘泥一格。

### （二）课堂讲授的方法

根据教材内容、教学目的和学生年龄特征的不同，讲授法又可以分为讲述、讲解、讲读、读演四种形式。

1.讲述式

这是指教师的讲授主要采取对教材内容进行生动的叙述、形象的描绘，以达到传授知识的目的。这种讲授方式是语文、历史等文科教材经常采用的一种基本讲授形式。比如语文课教师常以教材内容所叙述的故事为对象，以文串事，以事带文，向学生进行生动的描述，叙述其故事发生、发展的过程和结果，描绘矛盾交织情境和客观变化。在此基础上辨字析词，提示文章旨意，使学生在形象语言的熏陶感染中掌握知识。历史课也常是通过叙述历史上的重大事件的发生、经过以及主要人物言行的具体表现，再现历史画面，重演历史发展过程，在生动翔实的事实材料基础上，进行褒贬，判明是非，揭示规律。

2.讲解式

这是指教师的讲授主要采取对材料内容进行解释、说明、阐发论证，通过解释概念，说明事理背景，阐述知识本质，论证逻辑关系，达到传授知识的目的。这种讲授方式在我国中、小学各门学科的教学中普遍采用，特别是数学、物理、化学、生物等学科较多采用这种方法传授，比如教师对数学、物理概念、公式，定律及化学元素的化合与分解、生物的形成、发育与成长现象进行解释，引用有关事实材料进行论证，讲解它的实践应用等。

在实际教学中，讲述和讲解通常是互相结合的。为了给概念和规律的讲解提供典型的、感性的事实或现象，就要用讲述法。在此基础上要通过分析，揭示概念或规律，这就要用讲解法。

3.讲读式

这是把讲解和阅读教材内容有机结合起来的一种讲授方式。通常的形式是一边读一边讲，讲读并进，随读指点、阐释、引申、论证或进行评述，一篇课文读完了也就讲完了。在我国古代社会的书院和私塾的教学中，就通常采用这种讲授方式。但那时完全是教师一人唱独角戏，学生只是被动地洗耳恭听，现代社会的学校提倡教学民主，要求发挥学生的主动精神，讲读式教学已被改造发展为师生共读共讲，就是教师的讲解和示范与学生进行朗读、熟读、轮读等穿插起来，并特别强调通过学生自己反复阅读体会文章含义、情感。也可以在朗读、默读之后，先由学生试讲，再由教师补充阐释。讲读教学的特点是讲不离文、解不离句，能把学和练结合起来，对于要求口头练习的课特别适用，它是语文课和外语课的基本讲授方式。比如讲授古文，基本上是采取边读边讲的“串讲式”。现代文的讲授也可分段由教师、学生朗读之后，再进行讲解，或随着讲解的进行，引导朗读课文某些句子或片段，以说明阐述的观点。外语以读为主，以读带讲，以讲促读。构成讲读式讲授的因素，一般包括解释词语、分析概念、说明文意、教师范读与领读、学生朗读，默读、复述、背诵等。当前为了纠正某些学科在讲授教学中，教师离开教材、随心所欲、任意阐发、不重视运用教材、学生也忽视学习教材等现象，一些有见地的教育家和优秀教师已提出不仅语文课和外语课，其他学科也应该适当运用讲读方式，引导学生重视阅读教材，从教材本身吸取知识。如数学、物理、化学、生物等课程，教师在讲授的过程中都可以引导学生默读或者朗读教材中对概念、公式、定理的阐释部分和引证的事实材料，然后老师就文讲解，或教师讲解后，引导学生默读教材，复述含义，予以巩固。这样，教师既可以省去烦琐的讲解，又可以引导学生深入钻研教材。避免教材讲解以后，学生还不懂课文的现象发生，同时对于教会学生自己读书，掌握自学方法，加强基础训练等都有好处。这是值得重视的一项教学改革。

4.讲演式

这是教师不仅描述事实，解释事理，而且还要进行系统的理论阐述、逻辑论证，通过深入地分析比较、综合概括、推理论断、归纳演绎等抽象思维手段，做出科学的结论，向学生传播理论知识，培养学生正确的立场、观点、方法的一种课堂讲授方法。讲演式和讲述式、讲解式、讲读式的区别是其涉及面广，系统深入，所用时间较长。例如，政治课里讲授某些基本原理，语文课里述评某位作家的创作道路、论述某一文学流派的风格，历史课里深入分析论证某一历史事件发生的因果关系等，都可以适当采用讲演式。讲演式讲授和学术报告在形式上没有本质区别，其内容比学术报告更加系统单一。学术报告则带有综合性，实践性和探索性，内容较学校讲演式讲授更广。讲演式在大学、中专运用较多，一般不适宜中小学，只有在高中的二三年级，才可适当采用。因为运用讲演式，要求学生既要有丰富的感性认识，还要有一定的逻辑能力。上课既要记好课堂笔记或读懂讲授提纲，又要集中注意力，这对小学生和中学低年级的学生来说是有困难的。①

## 二、课堂讲授的基本要求

教师的讲授艺术虽然是口语行为，但与其他职业劳动者的说话艺术有明显不同，为了取得较好的讲授效果，要注重以下五点。

### （一）讲授要有科学性

讲授的科学性表现在以下几点：第一，要有科学的内容。教师每堂课讲授的内容应该是完全正确的，经得起实践检验的真理，是吸引现代科研成果的比较先进而不陈旧落后的知识，是学术界已有共识或已成定论的观点（高等院校为了发展学生的理论思维，有时可以提供多种学术观点，但要在讲清基本理论知识的基础上，对多种观点进行比较研究）。第二，要有科学的态度。以科学的认识论和方法论为指导，实事求是，即从客观存在的实际事物出发，从中引出概念、规律和原理法则，不信口雌黄，不主观片面，不搞绝对化，应树立尊重科学、严谨治学、去伪存真、求实创新的教风和学风。再次，要采用科学的语言。任何一门科学都是一个学科群，每一个学科在其发展过程中都形成了自身的理论体系和特有的概念范畴，从语言的角度来说，就是专业术语。教师讲授任何一门学科的知识，都要运用该学科的专业术语，即教学的“行语”。

### （二）讲授要有适应性

狭义的适应指“教”与“学”的适应，“教什么，如何教”与“学什么，怎样学”相适应。广义的适应包括适应自然、适应社会、适应思维。捷克教育家夸美纽斯在《大教学论》中说“适应自然”是教育的基本原理，德国教

①范牡丹．现代课堂教学艺术[M]．咸阳：西北农林科技大学出版社，2014.

育家第斯多惠补充了“适应文化”即“适应社会”，瑞士心理学家皮亚杰在《发生认识论原理》中对“适应思维”做了论证。讲授的适应性是学生认知规律的反映，要从具体到抽象，从感性到理性，用已知求未知，由浅入深，由表及里。这样，思路清晰，语意连贯，条理分明，逻辑严密，就便于学生掌握概念并组成概念体系。美国心理学家布鲁纳说：“不论我们选教什么学科，务必使学生理解该学科的基本结构。”学科基本结构指导该学科基本概念、基本原理、基本方法及其联系。讲授只有突出重点，攻破难点，澄清疑点，指明知识分界点和联系点，才能使学生内化和固化学科基本结构并用来自求新知。词语记忆在各种固化的手段中起主导作用，用词语钩玄提要，揭示知识规律，可以使讲授适应学生的记忆。同时，要通过转化求适应，即把教材语言、教案语言转化成讲授的口头语言，口头语言不像书面语言可以多次看、反复想，它诉诸听觉，稍纵即逝。

**（三）讲授要有教育性**

讲授的教育性以正面教育为主，由于教学内容的需要和随机因素的干扰，讲授过程中可能批评某些现象和个别学生，这种批评也是教育。但是，对学生的批语要符合学生的心理承受能力，使学生乐于接受。如《学记》所谓“亲其师而信其道”，不能采用训斥的口吻和讽刺的语气。力求十戒：一戒难看相，二戒过头话，三戒不摸底，四戒不分析，五戒不公正，六戒马后炮，七戒翻老账，八戒时间长，九戒经常性，十戒单一化。讲授的教育性具有熏陶感染、潜移默化的特点，要求教师在讲授过程中以身示范，身教与言教结合，严禁把不当的观点、不良的情绪、不好的行为带进课堂，要达到行为美与语言美的统一。在净化课堂口语、清除胡言乱语的同时，美化课堂口语，杜绝污言秽语，做到有教养而不粗鄙，有学识而不浅薄，有礼貌而不野蛮，有分寸而不越轨。

**（四）讲授要有启发性**

讲授的启发性包含以下三层意思，即“启发学生对学习目的意义的认识，激发他们的学习兴趣、学习热情和求知欲，使学生有明确的学习目的和学习的主动性；启发学生联想、想象、分析、对比、归纳、演绎，激发学生积极思考，引导学生分析问题，解决问题；启发学生情绪、审美情趣，丰富学生的思想感情。”这样才能防止和纠正学生的高分低能现象，提高讲授的有效知识率，从而提高课堂教学效率。传统的讲授重教不重学，纯粹是教师讲，学生听。现代的启发是多方诱导学生运用已知，探求新知，举一反三，触类旁通。现代教学活动的重点转移不是从“教”转移到“学”，从“教师为中心”转移到“学生为中心”，而是从传统的以讲授知识为重点转移到以培养能力为重点；从传统的把学生视为被动容纳知识的客体转移到发挥学生在学习过程中的主体作用；从传统的消极适应学生的智能水平转移到积极促进学生主动地全面发展。

### （五）讲授要有情感性

怎样才能使讲授具有情感性呢？情感是在认知过程中产生的，随着认知的发展而变化，同一事物可能引起不同人的不同情感，同一事物在不同条件下，可能引起同一个人的不同情感。“情动于衷而形于言”，讲授的情感是教师真情实感的自然流露。古今中外任何人都没有有缘无故的情感，教师只有热爱教育对象，热爱教学工作，热爱所教学科，才能使讲授具有情感性。同时，讲授的情感性受教学规律和学科性质的支配，受课程内容和教学方法的制约，受教学时空和教师个性的影响，不能像人际交往那样触景生情。一方面，要在备课时深入钻研教材，“披文以人情”，在开讲之前培养情感，做到“未成曲调先有情”；另一方面，要在讲授时排除个人杂念，完全进入角色倾注满腔热情，使自己与教材和学生产生情感的共鸣，不但讲文科教材情思横溢，而且讲理科教材也声情并茂。此外，教师要有较强的自控力，情绪激动时也不口若悬河，滔滔不绝，或惊喜失态，或泣不成声，应当用理智控制情感，把讲授的情感表达方式与聊天、演戏区别开来，服从并服务于教学目的。

## 三、课堂讲授中的举例

所谓举例，就是在教学中，通过对某一具体事例的剖析，印证或者抽象出所要掌握的知识，帮助学生加深对所学知识、概念的理解。在课堂教学中，举例是联系实际、说明问题的一种常见的方法，也是一种有效的手段，更是一种巧妙的艺术。不论哪一门学科，哪一类教学对象，教学总离不开举例。恰当适时和形象生动的事例，不仅能活跃课堂气氛，激发学生学习的兴趣，而且能把复杂的问题简单化，深奥的问题浅显化，抽象的问题形象化，加速学生对知识的理解、吸收和消化，具有事半功倍的效果。

**(一)恰当事例的特征**

在课堂教学中,举例是常用的手段之一。凡是恰当的举例,都有以下几个特征。

1.典型性

必须选择最能表现同类事例本质特征的,最具有代表性的典型事例。使学生通过这一事例,理解和接受教材中的内容和观点,使举例获得“一叶知秋”的教学效果。

2.准确性

举例要扣题、要对路,即不要让人感到模棱两可,似是而非。模棱两可的事例,容易使人对论点感到模糊;似是而非的事例则使论点不能立足。为了避免似是而非的举例,应弄懂、吃透论点的精神实质,还要能选准例证,达到论点与论据神形一体。

3.生动性

我国古代一些名家论著中的举例,如“自相矛盾”“守株待兔”“揠苗助长”等,其之所以能历千年而不衰,主要是因这些例子在典型性、准确性、生动性诸方面,达到了令人叹为观止的统一,因而具有很强的生命力。因此,要取得理想的教学效果,就应努力提高举例质量。

举例通常能反映出一个教师的教学素养与水平。如果教师有丰富、广博的知识积累和对学生的深入了解,就会为选择事例提供扎实的基础,就能在学生提出各种疑问时,运用典型、准确、生动的例证予以解答,否则“以其昏昏”是不能“使人昭昭”的。

**(二)举例的原则**

1.科学性

在教学过程中坚持例证的科学性,也就是要尊重它的客观性,切忌主观臆造。重视例证的科学性是教与学双方的客观要求:一方面,我们向学生传授的是科学知识,必须以科学的态度对待教学内容,防止把错误的东西教给学生;另一方面,学生需要的是有根有据、真实可靠的例证。因此,我们必须舍得下功夫精心选择和核实每一个例证,并正确无误地奉献给学生。

2.针对性

举例的针对性包括两个方面:一是要针对问题的要害。课堂举例要对准教学中的重点、难点和疑点。对抽象概念、深奥道理,学生容易产生负迁移,产生带倾向性的问题时,必要的、恰当的举例可以启迪学生的思维,有助于学生对问题的理解。举例是为了提高教学效率,二是要针对学生的实际。要从学生的知识水平、理解能力、生活经历等出发,所用的例子学生容易观察,便于想象,甚至是亲身经历的事情。这样的例子感受性强,易于学生理解和接受。

3.趣味性

任何知识的积淀和理论的产生,都经过了艰难的探索过程。其中既有呕心沥血的艰苦劳动,也有获得成功后的喜悦,更有不少令人回味无穷的逸闻趣事。选择这样的例证,既能使学生做好艰苦创业的精神准备,也能让学生分享成功后的兴奋,引起学生不断探索的兴趣。教学中的举例,或以古喻今,或借事明理,或以小见大,或以影附形,应具有比附性和生动性,能激发学生的兴趣。这就要求教师在举例时力求生动、形象,深入浅出,将形象思维延伸、升华,逐步向逻辑思维转化,推向理性认识的高度。

4.适时性

例子应用在非举不可之时,非举不可之处,把握时机,看准火候,切中重点,观点和疑点。有些例子可放在课前讲,以导出问题,引起学生悬念,激发学生探索的欲望;有些例子可放在课后讲,以说明前面的理论或概念;有些例子宜放在课中讲,以起承上启下的作用。

**(三)举例的方法**

1.宾主有序

在教学中,教师所举的例子,都是为证明或说明有关的知识、原理的。事例是宾,知识、能力是主。切记宾主有序,切勿本末倒置。因此,不能以事论事,而要以事论理,举一反三。如果教师总是从头到尾叙述一个例子,而不深入分析,缺乏严密的论证,即使“故事”叙述得再生动、感人,也起不到应有的作用。所以,举例的着眼点应放在提高学生的能力上。要尽量选择能够多角度、多层次说明问题的例子,引导学生去做具体分析,从而帮助学生举一反三,用所学到的理论、原理去剖析社会生活的各种现象，提高学生分析问题和解决问题的能力。

2. 远近结合

由于时空的差异通常会使人们对某一事物产生不同的印象，这种时空差异的表现，即远近关系。如果上课举例舍近求远，唯外围、外地、古代例子是举，容易产生“可望而不可即”之感；倘若只运用近处、近期的例子，容易使人觉得缺乏典型性，不能引起共鸣，所以举例还是远近两者相交为好，使例子具有典型性，又富有现实感，这样才能产生强烈的说明作用。

3. 正反互补

正面、反面例子，虽然它们的表现形式不同，但只要运用恰当，都能发挥其教育作用，正面例子能激励人们积极向上，反面的例子可为人们“警钟长鸣”。在教学中，我们应充分注意两者的互补作用，把正面例子的激励作用和反面例子的教育作用加以组合。当然运用反面例子，不要因害怕它的“副作用”而一味打“预防针”，也不能为满足学生猎奇心理而大肆渲染。

4. 情景交融

举例要和原理贴切，不能牵强附会、生拉硬扯，同时还要注意富有哲理的格言警句，来阐述抽象的思想观点和理论原理以达到情理结合。例如，有位教师在哲学教学中运用陆游的诗《冬夜读书示子聿》说明理论和实践统一的观点；用刘禹锡的诗《乌衣巷》说明旧事物必然要灭亡的观点；用杜甫的诗《前出塞》组诗之六，说明抓主要矛盾的观点。这样，既加深了学生对哲学原理的理解，又可以使学生提高审美情趣。同时，教师在举例时，还要注意语言的感染性，以生动有趣的语言，来引起学生思想的共鸣。

## 第二节 现代课堂教学调控艺术

### 一、导入新课在教学中的作用

#### (一) 导入新课对讲授新课题、新内容的作用

1. 能保证教材和教学的连贯性

教材是按课题、章节和单元，由浅入深，由易到难编排的。因此，教

师每次上课都要导入新课,否则,将不能保证教材和教学的连贯性,使学生对教材的系统内容在理解和记忆上都造成困难,从而挫伤他们学习的积极性和兴趣,影响教学效果。

2.能保证学生顺利获得新知识

学习是用已有知识经验来融合新知识的过程,加深理解新事物,最后达到融会贯通。因此,教师要运用导入新课的方式,使学生回忆起与新教材、新课题相关的知识经验,以达到学生顺利获得新知识的目的。

**(二)导入新课对发挥学生学习积极性的作用**

学习积极性是指学生在学习活动中所具有的认真与勤奋、主动与顽强的能动的心理状态。学习积极性由多种心理成分构成,其基本成分是学习需要、学习动机、学习态度和学习兴趣。

1.学习动机

学习动机是直接推动学生学习达到既定目的内在动因。学生对学习新课题、新内容,有实用性动机,也有意义性动机。教师要在导入新课中说明学习新课题、新内容的实用性和必要性,以激起他们的学习积极性。

2.学习兴趣

学习兴趣是对学习活动和内容力求认识或趋近的感情性倾向,是在需要基础上产生的。学生对学习新课题、新内容的倾向程度越大,学习的积极性就越高。因此,教师在导入新课中要以具体的理由,或个人体验引起学生学习新课题、新内容的感情性需要,以促进他们的学习兴趣得到发展,提高学习的积极性。

**(三)导入新课对课堂教学效果的影响**

为什么上课导言运用得当与否会直接影响一堂课的教学效果呢?这是因为在一般情况下,学生在课前都会出现一种“期待”的心理状态。这是对开始新的学习活动十分有利的一种心理准备条件。许多有经验的教师都有这种体会,开讲后,最初的一分钟内,是容易吸引学生的注意。教师所讲的头几句话,通常是学生注意的焦点。这番话若能运用得当,就会像饭前一杯味道醇厚的开胃酒能引起人们旺盛的食欲一样,唤起学生极大的兴趣和高涨的热情,形成一种积极、活跃的课堂气氛。同时,也可以帮助学生明确学习目的、重点、难点,使之对学习任务的完成充满信心,从而对教学效果产生积极的影响。反之,教师的导言若像一杯淡而无味、司空见惯的白开水,那就会使学生的期待心理很快消失,甚至转而出现失望、厌烦等不良情绪,从而形成呆滞被动的消极局面,直接影响教学的效果。①

## 二、导课的依据、准备和类型

### (一)导入新课的依据

导入新课不是教师任意设想的活动,而是以教材内容、学生的知识经验和教学需要来设计的。

1.导入新课在教材方面的依据

包括:①要以新课题的中心内容为依据。②要以新课题、新内容的难易程度为依据。

2.导入新课在学生学习方面的依据

包括:①要以学生的知识经验为依据。②要以学生学习的态度为依据。

### (二)导入新课的准备

导入新课是教师的创造性活动,也是体现教学艺术的活动,所以,教师要精心设计、做好准备。

1.设计上的准备

这主要是方式方法和程序上的安排,既要符合教学的逻辑要求,又要适合学生的特点,使学生自然而然地、顺理成章地把思想转向新课题、新内容。

2.语言上的准备

这是要求语言通俗易懂,说理充分,有把握能调动起学生学习新课题,新内容的积极性,否则,将会对学生学习新课题、新内容形成干扰,影响其教学效果。

3.态度上的准备

这是教师教育学生的“直观”因素。因此,教师要以诚恳、富有感情的态度去调动学生学习的积极性,使他们在认识、情感、意志上都得到启发和培养。

①张晓峰,李英丽.课堂教学设计[M].合肥:安徽人民出版社,2012.

### (三)导入新课的类型

上课常用的导言有哪些类型呢？根据优秀教师的教学经验,一般有以下几种类型。

1.开门见山

开门见山即开始就把本课所要讲的中心内容同前后内容的联系及其在整个知识体系中的地位与作用向学生交代清楚。这样可以从一开始就引起学生重视,从而产生要学好的愿望和要求。

2.创设疑境

创设疑境即开始创设一种能引起学生疑惑、惊奇或矛盾心理的情境,造成认识上的冲突,从而使学生产生强烈的好奇心和求知欲。通常采用的方法主要有举例、演示、提问等。

3.诱导启发

诱导启发即先不涉及中心内容,而从有关的其他方面入手,启发学生思考问题,逐渐将其思路引上正轨。一般可通过介绍背景、引用名言、典故列举事例等方法来启发学生的思路。

4.承上启下

承上启下即由总结、复习上一节课内容入手,将与其有关的新内容引出。这样,学生的注意力和思路就会顺理成章地由旧课转向新课,同时也可起到温故而知新的作用。

## 三、导入新课的方法

为了在上课后迅速抓住学生的注意力,必须讲究上课导言的设计和运用,下面根据中小学教师在教学中的实践经验,介绍十种常用的导课方法。

### (一)审题破题法

审题即通过审题领悟题意和文意,破题即解释题中关键性的字词并由此而推演事物发生的过程。课题是一课的门户,从这里可以窥知全课的奥妙,教师通过语言的精雕细刻,由外而内,环环相扣,从而引起学生兴趣,乘兴而教。

### (二)设问法

课一开始,教师就提一连串的问题,或提出一个令人深思的问题,这时学生就会按照问题的路子进行思考，产生一种要知道正确答案的欲望，从而立即将学生的注意力引入新课。

**（三）实物演示法**

通过一幅画、一张照片、一张统计表、一件实物、一个小实验等开讲，不仅可以达到吸引学生的目的，而且还可以给学生留下深刻的直观印象。

**（四）悬念法**

悬念就是挂在学生心头亟待解决但又无法解决的问题。悬念法就是利用新课开讲的头几分钟的最佳时机，通过设置悬念，吸引学生的注意力，一下子把学生导入问题情境中去。它能叩击学生的心扉，激起学生好奇的涟漪，荡起学生想象的浪花，启发学生认真研读课文的浓厚兴趣，能促使学生急待地去了解事情的发展和结局。

**（五）比较法**

有的课文与已学课文的内容和写法上很相似，只是深度和广度上有差别，或事物之间有某种相似。通过类比，由此及彼，产生迁移，引发兴趣。这样的课文可用比较法导入。

**（六）情境法**

1.创设情境

有些富有感情色彩的课文，可先创设情景，激发学生感情，让学生进入意境。

2.情感共鸣

这种方法是根据课堂所要讲授的内容，联系学生类似的生活经验，尤其是美好的情感体验，通过生动、充满激情的语调，拨动学生的心灵琴弦，使学生“心动神摇”，很快进入教学情境。

3.抒情描摹

抒情描摹即把自然抒情与描摹景物结合在一起。

4.激趣法

这种导言是根据学生的生活情趣而设计的。趣味性较强，课堂气氛一下就能活跃起来。

### （七）假借引用法（“媒介”引入法、由彼及此法）

1.借用诗句

一方面帮助学生建立宏观世界的概念，一方面激起他们的联想，搭桥铺路，弥补学生知识的不足。

2.借用名言

以名言开讲，既可以准确、深刻地表达自己所要讲的主题，也能收到引起注意的效果。

3.借用谜语

教学有些新课，可用猜谜语的方法导入新课，即把课文有关内容编成谜语，让学生在猜谜中进入新课。这样既可直入文题，又可一下子把学生分散的精力集中起来。

4.唱歌式

有的课文是由歌词演变而来或者可自编为歌曲和顺口溜的，可直接教学生演唱。此外，还可以假借成语、典故、游戏、朗诵等导入新课。

### （八）复习法

这种方法是通过提问归纳、概述等方式，复习已学课文知识，通过“温故”，达到既复习旧知识，又激起对新知识探求的欲望，进而巧妙地导入新课。这样既复习检查了旧知识，了解了学生掌握知识的情况，又使本课的教学有的放矢，一开始便能抓住重点。

### （九）提示要点法

这种方法的最大优点是利用学生“先入为主”的心理，开宗明义地要学生明确本课的学习要求，从而使他们逐步深入到课文中去，理解精髓，探幽析微。

### （十）生活导入法

有些事物，在学生实际生活中不常见，但也有一些在实际生活中屡见不鲜。就可以身边常见的例子说起。

## 四、课堂教学节奏的调控

恰当的课堂教学节奏能调动学生的学习情绪，集中学生的注意力，能给学生以美的享受，同时对促进学生的身心健康，也起着积极的作用。课堂教学节奏过快，容易使学生紧张疲劳，“消化不良”；节奏过慢，容易使学生精神松懈，分散学习注意力；即使适度的节奏，如果单一不变，也容易使学生产生单调感与抑制心理，削弱学生的学习兴趣，降低其学习热情。可见，课堂教学节奏，是影响学生学习积极性与学习效果的重要因素。组织课堂教学也就包括对课堂教学节奏的调控。

**（一）课堂教学节奏的表现**

节奏是美的一种重要因素，因而，课堂教学节奏也应能给学生带来审美愉悦，产生良好的审美效果。课堂教学活动通过静动、张弛、疏密等多种因素对比和转化而形成强烈的节奏感，这种节奏感在教学过程中转化为学生的心理节奏，引起共鸣，从而产生美感。所以说，美的教学节奏是静动、张弛、疏密等因素的和谐配合和转化。

1.动与静

所谓“动”指的是教学活动中的一种活跃状态，如学生在教学活动中积极参与，踊跃发言，热烈讨论与争辩。“静”指的是教学活动中的一种相对安静地聆听与沉思。如果整个教学过程“动”得近似混乱，或自始至终“静”，以至沉默，都是不可能取得好的教学效果的。符合教学美学要求的课堂教学节奏应是“动”“静”的交替出现和有机结合，使课堂既能保持朝气，又能维持教学秩序。

2.张与弛

所谓“张”指的是教与学都处于紧张、亢奋的思想状态。它通常是以浓、急、强、曲、扬为优势。诸如内容广度的开拓，深度的挖掘，教学进度的超前，慷慨激昂的动情，面红耳赤的争辩，追本穷源的提问，限定时间的课内作业，临时指名的上台发言，奋笔疾书的摘抄要点……都是“张”的体现。其特点是思维高度集中，无闲暇之空。“弛”是指教与学进入宽松、平和的思维态势，它常以淡、缓、弱、直、抑为标志。比如基础知识的温故知新，课文内容的简单复述，逗人哄笑的插科打诨，无拘无束的自由发问，茶馆式的前后讨论，不假思索的单项训练，侧耳倾听朗读课……都可以说是弛的体现。教学中一味地张或弛，都有损于教育活动的完美。

3.疏与密

疏（间隔大、频率小、速度慢）给人以舒缓、轻松的感受；密（间隔小、频率大、速度快）给人以急促、紧张的感觉，教学活动要讲究节奏的疏密变化和结合。教育传授的信息量有疏有密，时间分配有多有少，疏密相间，错落有致，就会给学生带来精神上的振奋和愉快。一般来说，一节课中的导入新课要精，因为忽视了开场锣鼓必使学生兴趣不高，意向不定，要用一两分钟的时间抓住学生的注意力，使学生提起兴趣，打通学生的思路。导入新课以后，接着应是较重的负荷，较大的密度，趁学生方兴未艾的兴趣，或讲或辩或议或练，使兴趣之高潮持续二十多分钟，将教学的大部分内容完成于此，强化于此。大密度之后，定要继之以小舒疏，舒以品味，疏以润神。一节课"一波三折"既应有长流水，不断线的"续"，也应有"五里一站，十里一驿"似的"断"。课堂教学节奏的疏密也讲究适度，太"密"则容易使学生思维密度过限；太"疏"则思维密度不及，"过限"与"不及"都是造成教学失败的重要因素。

总之，课堂教学要做到动与静、张与弛、疏与密和谐配合，使整个教学过程富于节奏感。这种节奏转化为学生的心理节奏，就是有松有紧、有劳有逸。这样不但能引起学生心理上的愉快，而且还能引起学生生理上的极大快适，这就能使学生保持旺盛的精力，取得最佳学习效果。

**（二）影响课堂教学节奏的因素**

影响课堂教学节奏的因素很多，但主要的还是教学内容和师生的心理特征。我们要能很好地调控课堂教学节奏，就应对影响课堂教学节奏的因素有所了解。

1.教学内容的难易和多少

这是影响课堂教学节奏的重要因素之一。教学中的详讲与略讲其实就是课堂教学节奏的具体表现。一般地说，内容越难，节奏就越慢；内容越易，节奏也就越快。凡是难点、重点、关键点，教师就要详细讲、仔细讲，多层次、多角度反复地讲，节奏就慢；凡是容易掌握的知识点就可略讲，节奏就快。教学内容的多与少也影响教师在教学时的节奏变化。比如通常说的"长文短教""短文长教"，实质上也是一个疏密、轻重、详略讲述的问题。

2.学生的年龄特征和水平

课堂教学节奏必须考虑学生的年龄特征和知识水平。年级越低，教学节奏就越要有多跳跃和多变化性，使学生感到生动活泼，形式多变，有一种新鲜感；随着年级的升高，教学节奏可逐渐趋向稳定，教学也可较长时间地保持在一定紧张度和难度的水平上。此外，学生知识水平的高低也影响教学节奏的急缓,学生知识水平高,可以把节奏加快;相反,则应适当地放慢教学节奏。

3.师生间的配合

师生之间的配合情况直接影响教学节奏的变化。如果师生能够高度配合,则教学节奏可以维持原速或加速;如果师生配合不够,则教师就应该调整教学节奏,以此来提出暗示性的要求。有些老师非常善于用语调的高低、长短或沉默,来给予学生种种要求性的暗示。本来滔滔不绝的教师突然闭口不言,这种节奏上强烈的反差给予学生的刺激是极为有力的。此外,教师的个性特征也是影响教学节奏的重要因素,或者感情丰富细腻,容易变化,或理智冷静,比较稳定。

**(三)课堂教学节奏的调控**

1.课堂教学节奏的优化控制

(1)教学语言节奏的优化控制

教学语言要通过流畅、舒卷自如,饱含激情、富于变化、快慢得体、高低适宜、抑扬顿挫等节奏来表现。在教学过程中,如果教师能注意语言节奏的控制,就能充分调动学生听觉这一主要学习器官的功能作用,强化教学效果。教师用语的准确、精炼,声调的抑扬顿挫,音色的清晰悦耳,表达的快慢适度,有利于学生感知和理解教学的内容。无论是讲述如火如荼的激烈场面,还是描绘清逸柔美的低吟浅唱,如果缺乏语言节奏的变化,学生势必形同嚼蜡,索然无味。有些教师习惯上认为说话似乎应加拖音,把一句连贯的话分节,有些教师又是因为习惯、性情,说话就像连珠炮似的连发连放。这些语言节奏的或快或慢都是不可取的。

(2)教学内容节奏的优化控制

教学内容的分配要合理,有一定的布局,重点,难点巧作安排,课始、课中、课尾都要精心设计,整堂课做到中心突出,节奏鲜明,有起始、有发展、有高潮。

(3)教学时间节奏的优化控制

对一堂课的时间安排要合理分配,如复习过渡占多长时间,传授知识、巩固新知识用多少时间,演示直观教具、课堂提问、组织讨论各用多少时间,都要做到心中有数,使课堂上的每一分钟都可得到充分利用。

2.课堂教学节奏的优化调节

在课堂教学中，通常有一些节奏不和谐的情况出现，如当教学要"张"时，学生却处于放松状态，或某一教学密度大时，学生大多数又跟不上等。节奏不和谐主要是由于师生低度配合而造成的，要调节这种节奏，教师必须发挥主导作用，设法增强师生配合度。

(1)根据学生的听课反应调节

教师上课面对学生必须时刻注意学生的课堂反应，并以此及时调理自己的教学节奏。当发现学生听课神色茫然，答问吞吞吐吐时，这说明学生跟不上教师的进度，他们可能注意听了，但听不懂，教师就应放慢节奏，在"原地"稍候，或者回头去重温一下讲过的内容，尽量让学生不掉队。

(2)根据讲课的内容调节

讲课要注意掌握"火候"。一般来说，教材的重点、难点宜在一节课的前三十分钟讲，要点、小结宜在学习情绪高涨的时候讲，并要放慢速度，让学生有充分的时间去思考，理解掌握。浅显的内容，可以略讲，也可以"跳跃"加快节奏，让学生不觉得拖沓、厌烦。当然，抓紧前三十分钟突破重点，并不意味着放松后面的学习，只是余下的时间，学生注意力不易集中，尤其不易持久，要让学生在最后的时间里"有事干"；读、议、说、练等，将所学的知识巩固消化。

(3)通过新旧知识的联系调节

新知识应从旧知识上引导起步，激发学生积极思维。若学生听课思维处于不活跃状态，听新课就会感到知识的突如其来，深奥莫测，此时，应联系旧知识，以旧知识作为引导，作为铺垫，提高学生学习新知识的兴趣。联系旧知识也应引发出新的东西，让学生更上一层楼，不然会使学生乏味生厌。要使学生时时处于兴奋状态，就必须增强新知识的诱惑力，真正使每个学生每一节课都能有所收获，新旧联系，由浅入深，由易入难，节奏分明，就能引起学生持久的注意力。

总之，调控课堂教学节奏；使之与学生的心理活动节奏相吻合，是组织课堂教学的重要组成部分，是教学效果达到最优的先决条件。我们教师必须引起足够的重视。

## 五、课堂气氛调节艺术

观摩优秀教师的课堂教学，人们都会感到课堂上气氛浓郁，生动、活跃。学生们兴致勃勃的情绪、思索判断的神态、跃跃欲试的举止、师生之间的默契和谐，给观摩者留下了深刻的印象。事实证明：课堂气氛是影响教学效果的重要因素。那么，什么是课堂气氛？它的特征，作用如何？制约它的因素有哪些？怎样使课堂形成良好的气氛？下面分四方面来说明。

### （一）良好课堂气氛的特征

1.课堂气氛

课堂气氛也可以称为课堂心理气氛，它是一种社会心理现象，主要是对工作集体中人的情绪、状态而言，即班集体在课堂上的情绪情感状态。心理学指出情绪和情感是客观事物与人物的需要之间的关系在人脑中的反映。课堂气氛就是在课堂教学情境的作用下，在学生需要的基础上产生的情绪情感状态，它反映了课堂教学情境与学生集体之间的关系。

2.良好课堂气氛的外在特征

良好课堂气氛的外在特征包括：和谐、热情、深刻、扎实。

3.形成课堂教学良好气氛的内在因素

形成课堂教学良好气氛的内在因素包括：信赖、热爱、渴求、自信。

4.正确的教育思想

正确的教育思想包括：学生是学习的主体、全面体现智育要求，教学要做到知识与智力发展的协调一致、讲究实际效果。

### （二）良好课堂气氛的作用

由于课堂气氛反映了学生与教学情境之间的关系，所以，某种课堂气氛形成之后，必然成为体现这种关系的标志和信号。这就是说，课堂气氛具有一种“信号功能”，它标志着学生以情感体验的方式表达了对课堂教学和人际关系的态度和评价。积极的、消极的课堂气氛则表明学生对教师教学、师生关系、同学关系的不同态度和内心体验。由于情感的信号功能具有比较显著的外露的特点，因而课堂气氛所传递的信号意义就易于为教师、学生所感知和领受，从而影响教学活动。

积极的课堂气氛能够加强“社会助长作用”。社会心理学研究指出，有人在场或许多人一起从事某项工作，可以促进个人活动效率的提高，这就是“社会助长作用”。良好的团体气氛可以使这种作用得到加强。由于个体在群体中有一种“从众的倾向”，由于青少年学生心理正处于发展形成的过程中，他们易于受到情绪上的感染，自制力弱。因此“社会助长作用”在具有良好学习气氛的课堂教学环境下表现得就更为明显。这样，课堂气氛就对教育教学产生了重要的影响。

可见，课堂气氛对于教育和教学效果，对于学生的创造能力等许多方面都有显著的影响。

**（三）制约课堂气氛的因素**

制约课堂气氛的因素是复杂的、多方面的。下面对几种主要因素进行初步分析。

1. 教师的威信

教师是课堂教学的组织者和领导者，他的人格和威信是一种巨大的精神力量，具有很强的教育作用。

2. 教师的情感

情绪、情感具有感染性，教师本身的情感状态与学生产生共鸣，会使学生受到潜移默化的影响，使课堂出现某种心理气氛。

3. 教学的“情”与“趣”

教师的情感应体现在教学的情感性和趣味性上。这样的教学能有效地唤起学生的情绪和学习兴趣，形成浓郁的课堂练习气氛。

4. 知识的难度

人的情感过程与认识过程密切相关。学生在学习知识的同时总有一定的情绪体验伴随。如果课堂教学的知识难度超出了学生的理解能力，脱离了原有的知识基础，学生就会迷惑不解，产生挫折和失败感。如果知识过于简单，学起来毫不费力，学生就会感到厌倦，激发不起学生的学习兴趣。

5. 人际关系状况

课堂气氛也受班集体人际关系状况的制约。班级集体的人际关系主要是师生关系和学生之间的关系。师生关系融洽，教师热爱、信任学生，学生尊重敬仰教师，这样就会形成积极、健康、活跃的课堂气氛；不和谐、僵化、紧张的关系则容易酿成消极、沉闷以至一触即发的课堂气氛。

6.学生领袖的作用

所谓学生领袖是指学生集体中有威信、有影响力的少数学生。他们可能是正式团体中的班长、学习委员、科代表等学生干部,也可能是非正式团体中的首领、核心人物。有关研究证明,榜样对儿童有很大的影响力。当榜样在赠送东西给需要的人时表现得很快乐,儿童就会产生情感共鸣,并把这种情感体验与观察到的榜样行为联系起来,从而做出类似的助人行为。

7.课堂环境的美化

情绪、情感具有情境性,因而教室环境、条件也在一定程度上影响学生的情绪。学生们走进教室,如果见到的是窗明几净、布置优雅、井然有序的情景。他们就会感到耳目一新,情绪就会为之一振。反之,肮脏杂乱、空气污浊的环境,则容易使学生情绪低落。近些年来,许多学校的班级集体在精神文明的建设中特别注意课堂教学环境的美化,这样就会产生振奋精神、活跃气氛、陶冶情操等良好效果。

除了上述的几种主要因素外,学生的心理状态、班级集体的共同目标、班级风气以及突发事件等也都影响课堂气氛的形成。

**(四)怎样使课堂教学形成良好的气氛**

1.发扬教学民主

所谓教学民主,就是如何对待学生、对待课堂,如何处理师生之间的关系以及教与学的关系。也就是说,真正把学生视为学习"主体",而绝不是无声的"容器",要充分信赖学生的思维潜力和自治、自学能力,而决不容忍课堂上有一个学生"陪坐"。使学生在课堂上始终保持着旺盛的求知欲和勇于进取的"竞争状态"。不管是老师说的、书本上写的,只要学生认为有疑点,就决不放过。在这样的课堂上,学生时时都体验到一种"解放感"和"轻松感",也会体验到"求知欲望"得到满足,好胜心得到鼓励、创造力得到发展的幸福感和自豪感。

2.课堂应富有"趣味性"

兴趣是学生在课堂活动中一个重要的心理因素。课堂讲授如寓教于趣,"启其蒙而引其趣",就能促进学生对所学内容产生兴趣,去积极思维和探索创新,增强求知欲。讲课时恰当而巧妙地运用趣味性,可收到事半功倍的教学效果。

3.创造“愤悱”的情境

“愤悱”是一种心理状态，只有当学生的思想趋于这种状态时，教师的启发和引导才会卓越而有成效，学生学习的积极性和主动性才能得到充分发挥，也才能变“要我学”为“我要学”。因此，“愤悱”的心理状态是教学生掌握知识、发展智能的最佳时机。

4.克服逆反心理的不良影响

逆反心理就是在一定条件下你说“正”，却使人产生一种“负”的感觉。逆反心理在教育教学过程中会带来很大的不良影响。教师必须了解逆反心理产生的原因，以防止和避免逆反心理的产生，使教育教学工作顺利进行。

## 六、课堂教学控制的策略

像所有类型的系统一样，课堂教学系统存在着沟通式信息系统传递和控制工作。根据控制论原理，我们可以知道，课堂教学系统的控制工作实际上是用来揭示在教学目标实现过程中的偏差（错误）和采取纠正措施的信息反馈来控制教学系统自身的运行状态的。换言之，课堂教学系统是发展变化着的多因素、多变量的动态系统，课堂教学的实质是为了将此动态系统现阶段的状况（主要是学生的学习状况）发展到由教学目标所确定的期望的新状态（进步了的、达到教学要求的学生的学习情况），从而去寻求并控制一系列的最优控制（策略）序列（一系列的教学步骤措施等）。

### （一）课堂教学控制的原则

教学实践经验证明，课堂教学控制着依赖于教师的教学艺术及其在具体情况下运用的诀窍，是教师体现教学个性，发挥教学才干的极好手段。但是，在课堂教学控制中，必须遵守有关“控制”的一些基本原则。

1.标准原则

有效的课堂教学控制要有客观、精确和合适的标准，课堂教学控制是由教师来实现的，但是，即使是最优秀的教师也不可能完全不受自身的个性或其他主观因素的影响。因此，建立一个简单的、专门的、可以检验的方法来衡量全体学生对知识和能力的掌握情况，就显得特别重要。

2.控制关键点原则

经验证明,课堂教学过程中,对教学内容做到面面俱到是不可能的,而且也没有这个必要。正确的方法是,应该注意那些关键点,也就是把教学精力集中于教学过程中的一些突出因素。这些突出因素就是教材的重点和难点。教师通过这些关键点的控制和突破,掌握学生的学习情况,在具体教学过程中,善于还是不善于控制这些关键点,通常是一个教师成熟与否的重要标志。

3.例外情况原则

在课堂教学过程中,教师越是把精力集中于对例外情况的控制,那么他的教学控制效果也就越好。所谓例外情况,是指在教学计划执行过程中出现了特别好或特别坏的偏差。例外情况原则与关键点原则有相似之处,但也有不同之处。后者要求教师确定并注意教学的关键因素(重点,难点);前者则要求教师时时观察,在课堂教学过程中学生对这些关键点的掌握情况的好坏程度。

4.灵活控制原则

一个好的教师应当把握课堂教学发展的逻辑,洞察学生脑力劳动的细微变化,从而能够对计划做适当的改动。课堂教学过程是一个动态的系统,因此在教学过程中常发生一些不可预测的情况。这就要求教师在设计课堂教学控制系统和实施控制时要具有一定灵活性,课堂教学控制系统应该是一个"适应控制系统",为了达到预期的最优目标,系统能修正其原定的策略。

5.行动原则

"什么叫学习? 学习者吸收信息并输出信息,通过反馈和评价知道正确与否的整个过程称为学习。"课堂教学控制的目的决定了对已发现的偏差必须迅速采取措施纠正。没有这种纠正措施的教学不是真正的教学。一般说来,在课堂教学过程中发现了任何偏差都要采取及时的、有启发的措施予以改正。

**(二)课堂教学控制的程序**

课堂教学控制是一项操作性极强的工作。确立控制标准,根据标准衡量执行情况,纠正教学过程中偏离标准占计划的偏差,是课堂控制的基本操作程序:第一,确立课堂教学的控制标准。第二,依据教学标准衡量执行情况。第三,采取有效措施,纠正教学过程中出现的偏差。

### (三)课堂教学控制应该注意的问题

课堂教学控制应该注意的问题包括:第一,课堂教学控制应有计划地进行。第二,课堂教学控制要建立在对学生平时成绩及学习状况(智力因素和非智力因素)等方面缜密记载的基础之上。第三,课堂教学控制既要客观,又要灵活。第四,课堂教学控制应当是“经济”的。第五,课堂教学控制应当采取有效的纠正措施。

## 第三节 现代课堂教学幽默艺术

教学幽默是教学艺术的一种特殊表现形式和基本范畴。对于教学艺术的创造者来说,必须娴熟掌握教学幽默艺术。

### 一、课堂教学幽默艺术的功能

“幽默”一词是舶来品,英文意为有趣或可笑而意味深长。对于幽默,目前尚无公认的定义。西方某些学者甚至认为解释幽默是一件“比宇宙引力问题更麻烦的问题”。有人认为,幽默是一种技巧、方式;有人认为,幽默是一种素质、能力;还有人认为,幽默就是可笑有趣,让人在情感上感到会心而甜蜜的微笑的一种东西。教师把幽默带进课堂,融合于教学过程之中,就有了教学幽默。我们认为,教学幽默是教师在课堂教学中体现出来的幽默感,是教师运用富有情趣、意味深长的表现手段进行教学的富有艺术性的行为方式。

教学离不开幽默。教学幽默在教学领域大有用武之地,且具有以下几方面的教学功能。

#### (一)激发学习兴趣

教学幽默的基本特征之一就是趣味性。它与学生的学习兴趣密切相关。教师巧妙地使用幽默技巧,就会引起学生情感上的共鸣,激发学生的学习兴趣,使枯燥无味的学习变成一种精神享受。

### (二)消除教学疲劳

学生在学校进行一天的学习生活,而且学习本身就是一项身心紧张的活动,课堂上出现疲劳现象是正常的。尤其是下午的课,学生的疲劳现象就更为突出。在教学中,教师恰当地运用教学幽默,则能消除疲劳,使师生在教学过程中始终处于精神振奋状态。

### (三)活跃课堂气氛

在课堂教学中,教师不失时机地运用幽默的话语或事例进行教学,可以给紧张、沉闷、呆板的课堂注入兴奋剂,形成宽松、愉悦、和谐的教学气氛。

### (四)深化知识理解

法国演讲家雷曼麦有句至理名言:“用幽默的方式说出严肃的真理,比直截了当地提出更容易让人接受。”实践证明,如果在课堂教学中,叙述概念时列举一个幽默的事例,然后再解释概念,学生的学习兴趣就会显著提高。

### (五)和谐师生关系

由幽默引起的笑声能填平师生之间身份的差异,缩短师生之间心理上的距离,消除师生之间情感上的隔膜,建立起亲密、平等、和谐的师生关系。

### (六)发展学生能力

教学幽默是聪明才智的表现。凡创造水平高的人大多富有幽默感。教师以其创造力进行幽默教学,学生则能逐渐培养起幽默感,从而促进创造力的发展。教学幽默是卓有成效的创造力的培养途径。

### (七)优化学生个性

幽默是一种乐观主义精神的体现,是高尚情操的自然流露,是开朗个性的反映。在教学中,教师的教学幽默无疑能使学生受到耳濡目染的影响。使他们形成幽默品质,养成乐观豁达的气度,树立积极进取的精神。①

## 二、课堂教学幽默艺术的方法

创造幽默的具体技巧与方法多到不可胜数,孙绍振教授曾著《幽默答

①胡振芳. 课堂教学思与行[M]. 北京:光明日报出版社,2018.

辩50法》予以总结,很值得教师创造教学幽默艺术时参考。其书的最后一段话意味深长、令人深思,他说:“方法变化多端,全在曲尽其妙,大体则有,定体则无,动用之妙存乎一心。若无临变制机之巧,则百法而无一用,有法而成累赘,不如无法,若存有七窍玲珑之智,则无法也能生法,一法能化万法也,即所谓无法之法是为至法。”所以,下面所述教学幽默艺术的技巧也是只能借鉴,不能照搬的。

**(一)婉曲释义法**

根据教学艺术的需要,对某些概念、语词的内涵、外延作巧妙或歪曲的解释,即可形成独具风味的幽默艺术。美国艺术幽默作家安彼罗斯·迪尔斯即利用释义这一手法编纂了一本不同凡响的《幽默词典》,对一些原先枯燥乏味的名词做了新的解释,使人读后,对事物的本质有豁然顿悟之感,而且引人入胜,别有一番情趣和风采。比如,“政治”指谋求利益而从事的公务;“外交”指为本国而撒谎的活动;“和平”指再次战争中的一段间隔;“坦克”指超级大国用来拜访朋友的交通工具等。国内有一位班主任就很注意在教学中运用婉曲的幽默语言,收到了良好的效果。如找早恋学生谈话,用“男女间情感过近了”;说“偷东西”是“没经主人允许拿东西”;说“骂人”是“语言不文明”;说“打架”是“武力解决矛盾”;说“考试作弊”是“借助别人记忆材料”;说“旷课”是“失去一堂学习机会”;说“吸烟”是“慢性自我摧残”;说“随地吐痰”是“施放微型生物病菌弹”;说“上课随便说话”,是“语言失控”等,婉曲释义法的魅力可见一斑。

**(二)巧用笑典法**

在教学中根据内容需要,精心设计或引用幽默诙趣的典故插曲,即可达到内容与笑典相映成趣的效果。如有位教师讲《捕蛇者说》,讲至最后一句“故为之说,以俟夫观人风者得焉”,让学生看课文底下对“人风”的注释:“人风”,也作“民风”,唐朝为了避唐太宗李世民的讳,“民”字改用“人”字。为了加深学生对“忌讳”的理解,教师便着意夹叙了一个笑话:我国古代对于地位或辈分比自己高的人,依礼不得直呼其名,连名字里的每一个字都不能念出口,谓之“忌讳”。五代时有个大官叫冯道。《籍川笑林》曾记载冯道的门客讲老子《道德经》的故事。《道德经》开卷第一句话是“道可道，非常道”，门客因讳冯道之名，不敢读出“道”字来，只得念：“不敢说，可不敢说，非常不敢说。”这一个笑话的使用，不仅使学生加深了对“忌讳”这一知识的理解和记忆，而且对课堂气氛的活跃或调节起到了重要的作用。

**（三）行为乖谬法**

教师在教学中针对具体情境采取有悖常理的奇怪举动，其夸张荒谬的形式实为依普通常理而服务，通常能收到出奇制胜的幽默效果。如有些学生经常不自觉地把得数部分小数点后末尾的“0”留了下来。有一次学生板演，写成48.2+16.8=65.0。教师在订正时，突然从抽屉里摸出一把明晃晃的大剪刀，并问学生：“谁知道我要用这把剪刀做什么吗？”学生都愣住了。教师接着说：“我要给这个得数剪尾巴了。”这时同学们才恍然大悟，全都笑了。果然在以后几次作业里就消失了这种现象。这就是行为乖谬法的成功运用的一个实例。

**（四）借题发挥法**

教师在教学时就某一问题暂停其本义的顺向推进，而旁逸斜出作横向联系，借此题而发挥彼意，也能构成别有意味的幽默。如鲁迅先生很推崇国外一些写得出色的文艺理论书，在阐述问题时“通常夹杂着闲话或笑话，使文章增添活力，读者感到格外的兴趣，不易于疲倦”。鲁迅先生在课堂教学中也通常运用这一方法。他讲《中国小说史略》第四篇《今所见汉人小说》的时候，讲到《西南荒经》上说有一种什么“讹兽”，人吃了就要说谎话。这时他很自然地插上一段生动的问题故事。说是在十里洋场的旧上海，有人走到岔路口向人问路，谁知甲说向东，乙说向南，丙说向西，三个人回答了三个方向，这真叫你啼笑皆非。在这段活灵活现地讲述之后，鲁迅先生幽默地来了一句：“大约他们都食过讹兽吧！”于是哄堂大笑。看来这是一段闲话，但是闲话不闲，在这里，鲁迅先生借“讹兽”之题对旧中国的一种恶劣的社会现象进行了辛辣的抨击。学生们在哄然的笑声中，既加深了对“讹兽”的理解，又接受了严肃的思想教育，并且确实“感到格外的兴趣”，精神振奋，要往下听。

**（五）轻言拨重法**

以极轻松、极平常的语言事例漫不经心地拨倒本来极紧张、极重大的难题,而轻易走出困境,亦使人因“历惊无险”而释然畅怀而笑。如特级教师林炜彤针对刚开始学写议论文时,几乎所有学生都说枯燥、难懂、不会写的情况,进行辅导。他说,议论文其实并不神秘,我三岁的小孙女也会作议论文。有一次小孙女说:“我最喜欢爷爷了。”(论点)“爷爷喜欢我,不骂我,买棒冰给我吃,还带我到儿童乐园去玩。”(四个论据)“所以我喜欢爷爷。”(结论,与开头呼应)这个例子一举,整个教室里充满了笑声,在笑声中学生理解了议论文的基本特征,消除了写议论文的畏难情绪。林老师这种“四两拨千斤”的幽默艺术,显示了他深厚的教学功力。

**(六)刻意精细法**

在教学中教师将通常模糊定性论述的东西,刻意地加以精细定量描述,可产生戏剧性的幽默效果。如有位教师在讲人生价值时这样描述人体的物质价值:“构成人体的水,足以装满1只容量为45升的水桶;人体里的脂肪,可以制造7块肥皂;人体中的碳,可以制造9000支铅笔;人体中的磷,可制2200根火柴,人体中的铁,可造2根铁钉;人体中的石灰可足够刷两个鸡棚;还有少量的镁和……”,教师“严肃认真”的精细认证,使人忍俊不禁。当提醒学生要珍惜时间,将主要精力用于学习时,教师一本正经地引用西方统计专家的数据:“假如一个人的寿命为60岁,那么他总共有21900天。一生时间的用途分别为:睡觉20年(7300天);吃饭6年(2190天);穿衣和梳洗5年(1825天);上下班和旅行5年(1825天);娱乐8年(2920天);生病3年(1095天);等待3年(1095天);打电话1年(365天);照镜子70天;擤鼻涕10天。最后只剩下3205天,即8年零285天用来做有用的事情。”统计数据的“精细”程度,教师引证的良苦用心,不是很令同学们既享受乐趣又得教益吗?

**(七)故错解题法**

在教学中故意设置一些错误,让学生参与找错、纠错的活动,可使学生获得“发现”的乐趣,也是一种有效的教学幽默艺术。如有位教师为了打破课堂上的沉闷气氛,集中学生注意力,加深学生记忆的轨迹,采用了“以错误引起发笑,以发笑引起注意,在轻松自如的笑声中传授知识,纠正错误”的做法。结果收到了正面讲解所收不到的良好效果。他的“有意错误”教学法,一般用在两个环节上。一是用在学生情绪低落,课堂气氛沉闷的时候。二是用在学生易出错、易混淆的地方。比如初中语文的《叔向贺贫》,文中有“今吾子有奕武之贫”一句,教师分析,学生对其中“吾子”很容易弄错,理解为“我的儿子”,于是他便根据可能出现的一种错误,有意解释为“现在我的儿子有奕武子一样的贫穷”,话音未落,不少学生扑哧一声笑开了,不能这样讲,这样讲是骂人的话,“应该将‘吾子’解释成‘您’,‘吾子’是古时对别人的尊称。”即使平时读书马虎的学生也被这笑声征服了,跟着开怀大笑。课后,独立作业检查,没有一个不正确,闹出“我的儿子”的笑话来。可见,“有意错误不错误,以错纠错防错误”。

**(八)直落反差法**

在教学中教师将事情的进展与结果的距离反差猛然抖落,可使学生在意料之外的惊异后禁不住发笑,通常是落差越大、效果越强烈。如有位教师为了给学生纠正方言土语,学好普通话,他了解学生语言情况后,把赵元任先生写的《施氏食狮史》用拼音印发给学生注汉字。原文第一句为“石室诗士施氏,嗜狮,誓食十狮。”结果有学生注为“是死尸,是死尸,誓撕,誓撕死尸。”教师公布原文结果,无一人对,大家捧腹大笑。这就使学生对宪法规定的“国家推广全国通用的普通话”理解加深了,学习普通话的自觉性提高了。

**(九)逻辑归谬法**

对错误的言行并不正面指出,而是以此作为前提进一步演绎,得出一个不说自明的荒谬结论,从而暗示错误言行的错误之处。这种教学幽默艺术因教师用幽默掩去直接批评的锋芒,会使教师的观点更易被学生接受。如有位教师为四年级的小学生出了个作文题目《放学路上》,结果绝大多数学生都写一些虚构的俗套的故事,因而作文惊人的雷同。如果正面去讲评就只能说:“这么多雷同,只能证明你们都是编造的。”这样批评自然是正确的,但并不一定有趣,也不一定能立刻使小学生心悦诚服地和教师在看法上保持一致。这位老师采用逻辑归谬的幽默处理,让学生自己感到虚构雷同的可笑,他说:“你们的作文,三分之一写捡到钱包交给警察;三分之一写在公共汽车上,给孕妇让座位;三分之一写扶老人过马路。别的不说,光说捡钱包,我活了这么大年纪,上班下班走了这么多年，就没有你们那样的好运气，我怎么一次也没有捡到过钱包啊！”小学生哄堂大笑起来。这说明，他们立刻分享了教师的幽默，也接受了老师的观点。

### （十）自我调侃法

教师在教学时自己开自己一个玩笑，没什么不好的。倒是通常能使自己放松、学生自在，师生间心理距离迅速拉近，为教师教学艺术发挥最高效能铺平道路。据说著名学者胡适曾应邀到某大学讲演，他引用了孔子、孟子、孙中山的话，并在黑板上写下：“孔说”“孟说”和“孙说”。最后，他在发表自己的见解时，紧接着郑重其事地写下“胡说”二字，使学生在笑中分享他的自我调侃式幽默，并牢牢记住了他的“胡说”内容。上海特级教师钱梦龙有一次到安徽上示范课，由于听课的人特别多，学生们显得紧张、拘谨，很不利于把课上活。为了使教学别开生面，气氛活跃，钱老师一上课便先拿自己的名字开了个玩笑，说：“有个姓钱的，做梦都想乘龙，你们说他是谁呀？”学生们会心地笑了，马上解除了紧张的心理。师生的心灵得到了初步的沟通，课堂教学随即在宽松愉悦的气氛中顺利进行。

## 三、课堂教学幽默艺术的作用

幽默是教学的一大助手，在教学中具有重要的作用。它可以消除学生的心理疲倦，活跃课堂气氛，在激发学生学习兴趣的同时，启迪学生的学习智慧；可以拉近师生距离，建立良好的师生关系，进而陶冶学生情操。

### （一）导入新课幽一默，兴趣萌生

俗话说：良好的开端是成功的一半。运用幽默导入新课可以先声夺人，吸引学生的注意力，使学生在上课伊始就进入兴奋的学习状态，收到“课伊始，趣亦生”的效果。而兴趣就是最好的老师。我们通常可以在走上讲台时通过讲笑话、小故事、身边的新鲜事等引入新课。幽默但真实的故事，会激发他们的求知欲，课堂教学的“黄金时刻”就来到了。故事起到了牵线搭桥的作用，学生们在说笑议论中受到了教育。不难看出，幽默的设计，夸张的表情，如同一支“兴奋剂”，有效地抓住了学生的注意力，使学生在笑过之后得到启示，受到教益，产生强烈的学习兴趣。

**（二）教学过程幽一默，开启智慧**

教学是一项身心高度紧张的活动，课堂中出现疲劳是正常现象。如果适当运用教学幽默，引起欢乐和愉悦，则能消除疲劳，使师生在整堂课中保持振奋的精神状态。

幽默是学生课堂注意力的保护剂，是课堂传知解惑的催化剂，是学生课堂思维的润滑剂。缺少幽默的教师像一副标本，没有幽默的课堂像一潭死水。作为教师，我们应该从教学内容和教学情境等方面去寻找契机，恰当地把握好幽默艺术，使课堂充满笑声和快乐。就教师而言，诙谐幽默的教学可以缩短师生间的情感距离，助教学目标的顺利完成一臂之力。

**（三）突发事件幽一默，海阔天空**

学生是特殊阶段发展着的人，因此在课堂上也常会有教师预料之外的事发生。教师在课堂上遇到某些特殊情况时，要把握住自己的理智和情绪，尽可能避免轻易地训斥学生或大光其火，这对师生情感的交流和教师的自我形象都是有损害的。如果用幽默的方式来处理课堂突发事件，其作用和效果就会大不一样。

**（四）学生违纪幽一默，润物无声**

教学活动中，难免会有一些影响课堂纪律的违纪现象，对此，教师既不能视而不见，也不能过多地占用教学时间来批评教育学生。如果老师对学生厉声指责，通常会令学生的自尊心受到伤害，在感情上难以接受。这样的教育不但达不到批评教育的效果，反而会产生相反的作用。如果教师能幽默应变，灵活机动地让学生在笑声中感受到批评和教育，"润物细无声"的教育效果就好多了。在表扬与批评中运用幽默艺术，通常能够在转瞬之间化窘为乐，化对立为和谐，既让学生受到教育，又增加了教师的魅力。

**（五）课堂之余幽一默，和谐师生**

幽默和风趣的言行不仅可以给人带来欢快的情绪，而且能缓解生活中的矛盾和冲突，是生活的调味品和润滑剂。俗话说：十年树木，百年树人。教育的成果在经过年月的印证之后才更具说服力。在平日的课堂里，我们看到更多的是教师对学生进行知识的传授，而对学生道德情操培养这方面的内容相对而言则较少。一日为师,终生为师。其实教师对学生教育的影响是潜移默化的,教育的力量更是无可估量,仅就教学幽默而言,它不仅可以陶冶学生的情操,还可以培养学生的乐观心态。

## 四、课堂教学幽默艺术的技巧

教学幽默主要是通过教师的体态幽默和言语幽默来表现的。体态幽默是指教师在课堂教学过程中通过表情动作所体现出来的幽默感,可使教师形象富有动态之美。体态幽默离不开言语幽默,二者通常结合使用。

言语幽默是指以语言符号为载体所产生的幽默。它不仅可以通过语言描述事件、情景、观点等本身来产生幽默,而且可以通过语言要素的变异使用来创造幽默。从教学幽默艺术而言,语言要素的变异使用最为常用,且难度更大。

### (一)课堂教学幽默艺术技巧

1.形象比喻

形象比喻即人们通常所说的打比方。它是以某种事物或情境来比方和说明另一种事物。在课堂教学中,虽然比喻运用最经常、最广泛,但并非任何比喻都能产生幽默效应。具有幽默性的比喻关键在于富有情趣而意味深长。例如:一位教师讲授“我国9亿农村人口,基本上还是靠手工工具吃饭”时,把农民形象地称为“1007部队”。“1”是一条扁担,“7”是一把锄头,“00”是两个水桶,农民种地就是拿一把锄头,刨一个坑,撒上种子,然后挑水浇地。这一比喻,形象地揭示了几亿农民的落后生产状况。

2.巧妙移用

就是采用大词小用或小词大用、古词今用或今词古用、同话异境或异境同话等方式而产生幽默效应的方法。例如:一位教师在讲“货币的产生”时,讲道:“当你走进新华书店,拿着一本《英汉词典》爱不释手时,怎么办呢?你不可能指望营业员无偿奉送,也不能学孔乙己——‘窃书不算偷’(学生异口同声回答,并发出愉快的笑声),只能拿钱去买。为什么一张薄薄的‘纸片’,就能买到各种商品呢?”在这里,“窃书不算偷”的巧妙移用,诙谐有趣,增添了语言的幽默情趣。

3.极度夸张

夸张是“言过其实”,从形象、特征、程度、数量、作用等方面做夸大或缩小的描述方式,它是造成语言幽默和喜剧色彩的一种常见手段。在教学中,夸张的巧妙运用,也可产生幽默效应。例如:一位教师讲授“意识是人脑的机能”时,为了批判庸俗唯物主义,他举了“意识活动像胆囊分泌胆汁一样”的错误观点,讲道:“如果意识活动真是像胆囊分泌胆汁一样,那么,一个人思维越敏捷,岂不是脑浆分泌越多吗?在座的各位都勤奋好学,思维敏捷,聪明过人。现在,大家不妨赶快摸一下自己的鼻子,看看有没有脑浆流出来。”这种极度夸张的语言幽默,使学生在哄堂大笑的同时,领悟了知识的真谛。

4.故意曲解

任何一个词语和一句话,都有其固定含义。如果我们不按其固有含义去理解它,而任意附会,使理解或解释与原意不一致或完全相反,这样所得到的结果就是曲解。在教学中,较为常见的是利用相同或相近发音的词产生一种谐音曲解。例如:批评有些人缺乏远大理想、“一切向钱看”时,可这样讲:“在这些人的眼中,‘理想、理想,有利就想;前途、前途,有钱就图’。”这种谐音曲解可使教学语言产生耐人寻味的幽默效应。

5.反语倒置

这是一种用和本意恰恰相反的语言来表达本意的方法,其具体形式可以是正话反说或反话正说、褒词贬用或贬词褒用等。例如,一位教师讲授“维护祖国的尊严和荣誉”时,为了批评有些人缺乏民族自尊心和自豪感,崇洋媚外,讲了这样一段话:“对有些人来说,如今倒是‘胸怀全球,放眼世界’。不是吗?手戴‘卡西欧’、脚踏‘本田摩托’、身披‘皮尔·卡丹’……他们言必称外国,至于‘辛亥革命的领导人是谁’,惭愧得很,有几位仁兄的答案居然是小凤仙。”在这段话中,“胸怀全球,放眼世界”是要从反面去理解的。

6.虚拟情境

在教学中,假设某种情境并把它讲出来,即为虚拟情境。虚拟情境能起到吸引学生注意力,激发学生学习兴趣的作用。由于有些虚拟本身含有较大的谬误因素,所以也能起到幽默的作用。例如:一位教师讲授“通货膨胀”时,针对有些学生思想上的疑虑,采用了虚拟的手法:“有同学说,现在人们生活水平不高,就是因为经济收入不多,要是我当上了中国人民银行行长,我就多印些钞票,发给人们改善生活。”教师的话语一出,立即引起了学生惬意的笑声。

7.换名借代

不直接说(写)出人或事,而是借用与人或事密切相关的名称来替代的表达方式称之为借代,或换名。例如:用“大团结”替代“100元人民币”;用“四只眼”替代“近视眼”;用“54号文件”替代“扑克牌”。又如,一位教师讲授“农业是国民经济的基础”时,为了描述当前有些农村的生产现状,讲道:“有些农村的主要劳动力都进城打工、弃农经商去了,种田的是一支‘三八六一部队’。”“三八”“六一”在此代指妇女、儿童,含蓄幽默。

8.转换套用

对脍炙人口的某种语言形式,如改变其内容,借用其文句、语气、格式来表达新的思想,即“旧瓶装新酒”,就会产生较强的幽默效果。例如一位教师在教学时,为了批评某些领导干部不注重调查研究、官僚主义作风严重,随口吟道:“朝辞宾馆酒楼间,乡镇视察一日还。群众呼声听不见……轿车已停舞厅前。”教师套用李白的《早发白帝城》,使教学语言产生了令人深思的幽默感。

9.婉言曲语

在教学中,对一些不宜直说或不必明说的事例,运用委婉的方式来表达,或含而不露,或绕一个弯子来说,即为婉言曲语,或称婉曲。婉言曲语运用得法,可收到幽默含蓄、富有情趣之功效。例如:一位教师讲授“商品价值规律”时,为了说明商品价格与其质量及价值的密切关系,讲道:“我省以前生产的xx牌自行车全身都响,就是‘铃不响’,它能与‘凤凰’‘永久’等名牌自行车卖同样的价格吗?”“全身都响,就是铃不响”的说法委婉含蓄,一语中的,道出了该种自行车的质量低劣,给学生留下了深刻的印象。事隔多年之后,学生虽然忘记了老师的名字,但仍清晰地记着老师幽默风趣的这一堂课。在课堂上,有时面对学生的过错行为,教师不厉声斥责,而是婉言曲语,通常会收到意想不到的教学效果。例如,几位学生伏在课堂上打瞌睡。此时,教师停止了讲课,用诙谐的语言讲道:“听说有一个小企鹅,在和师傅垒巢时,总是爱把头和长长的脖子贴到地面上待一会儿。它师傅问:‘你这是什么意思?’小企鹅回答说:

‘我是对师傅的礼貌。’由此我深受启发，有的同学上课总喜欢把头贴在桌子上，可能这也是对老师的礼貌吧！”话音刚落，学生哄堂大笑，几个睡觉的同学在笑声中被惊醒，羞愧自惭。

当然，教学幽默技巧远非以上列举的数种。教学幽默虽不是流水，但却是浪花。有了它，课堂上才会生动活泼，充满艺术魅力。

**（二）教学幽默的基本条件**

美国教学研究专家赫修特在《教学艺术》一书中把幽默规定为一位优秀教师所必备的品质和能力之一。教师应该是幽默的人，教师的教学语言应该是幽默的。幽默细胞不是生来就具有的，而是教师在教学实践中逐渐积累起来的。

1.培养幽默品质

高尚的幽默是教师思想、学识、阅历、经验、智慧和灵感在教学语言运用中的结晶，是一瞬间闪现的光彩夺目的心灵的火花。教师只有知识渊博，才能谈天说地；教师只有虚怀若谷，才能言谈隽永；教师只有开朗乐观，才能出言精辟；教师只有思绪如泉，才能妙语连珠。可见，磨砺思想，修养品性，是教学幽默的灵魂。

2.领会幽默实质

众多研究结果表明：教学幽默既具有一般幽默的特性——感染性、高雅性、机智性、含蓄性、启发性，又具有自身特殊的规定性——教育性，且实质在于教育性。教学幽默是形神兼备的，其形是幽默，其神是教育。教学是积极的价值引导活动，教育性是它的灵魂。幽默诙谐决不能脱离教育性。教学幽默不是教学的目的，它只是教学的手段，必须为教书育人服务。

3.积累幽默素材

幽默能力与教师平时对幽默素材的日积月累密切相关。一般来说，教学幽默素材主要有以下几个来源。

（1）教材中的幽默

这是教学幽默的“富矿”所在。因为教学内容的幽默因素最容易引起学生的直接兴趣。

（2）艺术作品中的幽默

许多笑话、漫画、喜剧、相声、格言、警句、歇后语、谜语、文字游戏等，无不妙趣横生。教师信手拈来，便可获得良好的幽默效果。

(3)生活中的幽默

如教师、学生和周围其他人在日常生活中所发生的逸闻趣事和出现的俏皮话、顺口溜、打油诗等。对于这些“活”的幽默素材，教师应独具慧眼，善于发现，精于运用。此外，在学习模仿的基础上，教师要学会加工幽默、改造幽默和创作幽默。

4.把握幽默结构

教学幽默之所以富有艺术魅力，关键之一是它出人意料的表达结构。简单的教学幽默即为一个表情动作和一个词语、一句话或几句话等来完成。复杂的幽默则需经过精心设计的开头、展开和结尾。

5.掌握幽默技巧

教学幽默的具体表达技巧，我们已在前面进行了论述。教师掌握一定的幽默语言修辞技巧，可产生幽默诙谐的教学效果。例如，用“国外有个加拿大，中国有个‘大家拿’”来形容我国旧经济体制的弊端。这都是成功的范例。

6.注意幽默时机

教学幽默要时机得当，为教学所需。一是为学生心理所需，即在学生心理疲劳、注意力分散时，及时插入幽默；二是为教学内容所需，即在教学内容里包含有幽默素材或可用以进行幽默创造时，及时使用和创造幽默。一旦时机得当，整个教学过程就会错落有致，高低起伏。

7.把握幽默分寸

幽默有利于教学，但我们决不能为幽默而幽默。正如老舍所说：“死啃幽默总会有失去幽默的时候；到了幽默论斤卖的时候，讨厌是必不可少的。”如果脱离教学内容，一味调笑逗乐，插科打诨，则会弄巧成拙，影响教学效果。前苏联著名教育家斯维特洛夫曾说过：“教育家最主要的，也是第一位的助手是幽默。”幽默是教师不可或缺的一种教学艺术。愿有更多的教师把幽默引入课堂教学中，以充分发挥幽默在教学园地里的神奇般的教育功能。

## 五、课堂教学幽默艺术的训练与提高

有许多教师认为“幽默”是一种特殊“细胞”的功能，而这种特殊的细胞自己生来就不具备。不错，幽默细胞的确与众不同，但这种特殊的“细胞”其实是可以“人工培植”的。

**(一)要有意识地培养自己的幽默感**

教师要提高自己的教学幽默艺术水平,必须首先使自己成为一个富有幽默感的人。

一是宽松的幽默心态的涵养非常重要。因为“就主体而言,幽默主要的是一种创造和表现情趣的心力,一种感受和体会可笑的心力”。或者说:“幽默是智慧的结晶,是健全的理性和深厚的修养的产物;也是一种感知和发掘世界一切可笑对象的能力,一种理解和创造笑的艺术的才能;更是一种达观而敏锐、超脱而挚诚、直率而又坦然的人生态度。”通常是心灵的自由度越大,则越易产生幽默言行。

二是形成新奇的思维方式,形成“趣味思考法”。因为有趣的通常不是举动本身,而是在于人们用属于自己的、有趣的方式去看它。这正像霍勒斯·沃尔普所说:“世界对于思考者是一出喜剧。”可见,幽默感的培养是至关重要的。

**(二)要善于发现、精于选用并巧于开发各种幽默源**

教师的教学幽默艺术能力与幽默兴趣是呈良性循环的,而幽默兴趣表现为对一切幽默源的敏感上。一般说来,教学幽默源有以下几种:①生活中的幽默。②艺术中的幽默。③教材中的幽默。

**(三)要认真探讨并掌握教学幽默艺术的奥秘与表述幽默的技能**

第一,弄清教学幽默艺术的形成结构与引笑机制。第二,掌握一定的幽默语言修辞技巧。第三,把握好教学幽默艺术的最佳时机。第四,教学幽默艺术的自然流露也很重要。第五,注意度的把握,不要过分。第六,借鉴一下“彼得说笑话的处方”。

**(四)要注意培养学生的幽默感和幽默能力**

法国的柏格森在其《笑——论滑稽的意义》一书中说:“笑,需要一回声。”也就是说幽默的艺术效果是师生双方共同参与创造的。这就要求教师在提高自身教学幽默艺术修养的同时,也要注意培养学生的幽默感和幽默能力。否则就会出现阳春白雪和者盖寡的局面,教师“幽”了一下,但学生却一片沉“默”。不过也应看到,在教师幽默性的教学影响下,学生形成幽默感和提高幽默能力是完全可能的。

# 第八章 现代课堂教学检查、测试和评价艺术

## 第一节 现代课堂教学检查、测试艺术

### 一、检查、测试的重要性

检查，是指对学生学习情况的了解。测试，是指对学生的学业成绩、教师的教学效果的测验和考试。近几年来，学生课业负担过重，考试压力太大。要减轻学生负担、改革考试方法的呼声很高。不少地区进行了减轻学生负担、改革考试方面的试验，取得引人注目的成绩。

教学，是一种有明确目的的社会活动，它本身就是一个系统。教学活动通过教师的教和学生的学互相配合、互相作用而达到目的。教和学之间，信息不停地输出与吸收，又不停地互相反馈。教师从学生的反馈信息中了解学生的学习情况，从而调整教学程序，学生从教师的反馈信息中巩固所得的知识和能力，改正错误，促进学习。所以说，信息的及时反馈，是教学过程的关键环节。

根据反馈原理，我们分析一下教学的过程：教师输入信息、教师输出信息，经过变换，学生从教师和教材中输入信息；学生经过对信息的储存、变换输出信息，这信息又反馈给教师和学生自己；教师输出评价信息。在这一过程中，教师输出评价信息的主要根据是学生的反馈信息。没有学生的反馈信息，教师无从评价。教师的评价信息，也是对学生学习情况的反馈，没有教师的反馈信息，学生也难以纠正与提高。而学生的反馈信息和教师的评价信息，主要是靠教学中的检查、测试来取得、来传递。①

①吕丽彤.《现代教育技术应用》翻转课堂教学行动研究[D]. 芜湖：安徽师范大学，2016.

## 二、检查、测试的作用

具体地说,从检查、测试中获得的反馈信息,具有以下几方面的作用。

### (一)检查教学质量

学校里的各种检查和测试,是对学生学习情况的检查,也是对教师教学工作质量的检查。通过检测可以看到学生对教师教学的反馈。从反馈信息中检查学生究竟掌握了多少,有没有达到教学大纲的要求。通过全校性的或者年级性的统一测验、考试,也可以检查各年级各班的教学进度,看看有没有按照计划完成教学任务。

### (二)督促学生努力学习

通过检查测试,学生从教师的评价信息中得知自己的学习成绩,从而调整自己,进而努力学习。学习成绩差的,看到自己的薄弱环节,从而填漏补缺,努力跟上;学习成绩好的,看到自己的成果,增添学习的劲头,还可以设计进一步学习的"最近发展区",争取"更上一层楼"。

### (三)为各种需要提供成绩依据

学校里的摸底分班、升级、留级与降级、校外的选拔新生、招工招干,都需要以学生的学习成绩作为重要依据。新生入学,通过种种方式的测验,摸清新生的底子,可以按照学生的基础知识、基本能力的实际程度来分教学班。或者把程度相近的学生归为一个班,或者把同等程度的学生分到各个班去,使每个班里都有上、中、下不同程度的学生。每学年的学生升级、留级、降级,也要根据学生各科成绩来决定。

### (四)促使教师改进教学。

教师的教学效果如何,只能从对反馈信息的分析、评价中得出结论。通过检查、测试,教师可以看到自己的教学,进度是太快了还是太慢了,内容是太深了还是太浅了,或者是快慢深浅正合适。这能促使教师再深一步去了解学生,去深入钻研教材、研究教法,从而调整教学方案,努力改进教学。

## 三、检查的艺术

对学生学习情况的检查,是教师经常要做的工作。只有经常检查,才能了解学生学习情况,不断改进教学,最终达到教学目的。

### (一)检查必须具有经常性、全面性、差别性

从检查的时间来说,需具经常性。除了定期的较集中的检查之外,在日常的教学中,都可以通过观察、提问、批改作业等方式对学生进行检查,随时发现问题,及时给予纠正。

从检查的内容来说,需具全面性。检查的内容覆盖面要涉及教材内容的各个方面,包括基础知识和基本技能,要检查学生对教材掌握和理解的广度、深度及其巩固程度,要检查学生对基本技能的掌握和熟练的程度,还要结合各科教学内容检查学生的智力发展情况。

从检查后的评价来说,需具差别性。对学生学习情况的检查,要落实到学生中的每一个人,要了解到学生个人的特点。检查的结果,要用有差别的评语或分数反映出来。如果某项检查学生的成绩都差不多,这样的检查是没有意义的。

### (二)检查的分类

"检查"的分类,从形式上分,有书面检查、口头检查、技能技巧检查等。从检查的时间来分,有学前检查、日常检查、定期检查、总结检查等。从检查的场合来分,有课堂上检查、课后作业检查等。从检查的人员来分,有教师检查、同学互相检查、家长检查等。

### (三)对检查的要求

"检查"主要是由任课教师进行。完成"检查"的任务,要做好设计题目、施检、改正、评价这几项工作。

## 四、测试的艺术

现代社会生活中,人的一生要经过无数次的测验和考试。测验与考试是对人的心理量的测量。人的心理量是指人的知识、能力、个性心理特征。对心理量的测量,有时是了解性的,通过测量,了解人的智力水平、知识水平、性格类型、气质特征,便于安排教学、因材施教;有时是决策性的,通过测量,根据一个人的知识、能力、智力的水平,决定对他的升降、取舍。我们平时把了解性的测量称作测验,把决策性的测量称作考试。对那些目的是了解,而又带有决策作用的测量,则通常称之为测试。这里,我们把测验和考试统称为测试。

**(一)测试的类型**

测试从不同的角度出发,有不同的分类。

1.以测试的目的来分类

(1)成绩测试

目的是检查学生学习进度和学业成绩。这种测试以教学大纲为标准,以所使用的教材为范围,检查学生的学业是否达到大纲的要求。学校里的期中考试,期末考试,毕业考试以及种种小测验都属于这一种。这种测试的成绩,大多数都在及格以上,优等、良等的也可能不少,不及格的可能是极少数。这种测试,学生的分数可能很接近,难以区分学生程度的高低。

(2)水平测试

目的是检验考生的水平,以便选拔人才。这种测试,既要照应学生学过的教材,又要看到将来,考查学生是否具有能完成将来学业的某种潜力。我国目前的高等学校统一招生的考试,就带有水平测试的性质。

2.以反映分数的方法来分类

(1)常模参考性测试

常模,是一个团体考生的平均成绩。可以找一个有代表性的团体(由不同地区不同学校、不同类型的人组成)来测试,得到平均成绩,建立一个常模。别的考生的成绩怎样,就和这个常模相比较。比常模高,成绩就好一些;比常模低,成绩自然就差一点。常模究竟是多少分为好,不能凭空而定。我国近几年在高考中试验的标准化考试,就是属于这一种。

(2)标准参考性测试

这一种测试是根据测试目的定下一个标准,测试结果符合标准的就可以通过。衡量考生成绩的只是这个标准,测试结果只看成绩如何,不看这个考生的成绩与其他考生的成绩的比较如何。中学里的升级考试、毕业考试属于这一种。

3.以评分方法来分类

(1)主观性测试

这种测试的题目可以自由回答,没有单一的标准答案,成绩需要由教师来评定。这种测试的评分,掺入了评分人的主观因素。被测试的人数多,参加评分的人员也多,评分结果就不准确、不客观。这种测试可以测量考生的表达能力和创造能力,但是评分的误差难以控制。语文科的作文考试就属于这一种。

(2)客观性测试

这种测试的题目有单一的标准答案,试卷可以由教师评分,也可以用机器评分,评分客观,没有掺入主观因素。客观性测试答题省时,题目多,覆盖面广,可以避免考生猜题,反映考生的水平比较准确。

4. 以测试方式来分类

(1)笔试

考生用书面语言在试卷上回答问题接受测验。笔试在各科测试中应用最多,它不但适合于小型测验,也适合于大规模的考试。它的缺点是考不出学生的口头表达能力,也不能边考边问。

(2)口试

考生用口头语言回答问题接受测验。口试不但能检查考生的知识水平,考出考生的口头表达能力,还能观察到考生的仪表态势,考出考生的思维品质。

5. 以测试的时机来分类

(1)经常性测试

指在教学过程中的测试。如随堂小测验、单元测验等。

(2)阶段性测试

指在某一教学阶段结束时进行的测试。如期中考试、期末考试、学年考试、毕业考试、升学考试等。

6. 以测试的标准程度来分类

(1)标准化测试

指按照系统的科学程序组成的、具有统一标准的、对误差做了严格控制的测试。它的试题多采用客观题,用机器评卷。标准化测试多用在考生人数众多的大规模考试上。

(2)传统性测试

这是指和标准化考试相对的其他测试。它的组织还不十分严密,评分的误差难以控制。现在学校里,一般的测试,仍属于这一种。

**(二)测试的艺术**

测试艺术涉及的问题很多,这里着重谈谈试卷和试题的编制、成绩的评定和分析等问题。

1.试卷的编制程序

每一次测验、考试,不论是大规模的或是小课堂的、个别的,测试的可靠性、有效性,都要通过试卷体现出来。试卷是由若干道试题拼合而成的。试题的质量如何,试卷的编写是否符合科学要求,关系到测试的目的能否达到。各科的测试都是这样,要运用科学的方法,按照测试的目的要求出好题目,编制成符合要求的试卷。

学校里的测试,除了升学考试以及毕业会考由地区性的教育部门统一出题之外,通常是由任课教师出题。学校内的出题测试,随意性比较大,假如再有点弄虚作假,测试所得的分数,便失去应有的价值。那么,一份符合要求的试卷的编制,需经过哪些程序,每个程序应该怎么做呢?

(1)明确测试目的

进行一次测试,首先要明确该次测试的目的。单元测验、期中考试、期末考试、毕业考试和升学考试,都有不同的目的。单元测验主要是为了复习巩固本单元的教学内容,检查学生是否掌握了所学的知识和能力。期中考试主要目的是回顾和小结半个学期以来所学的知识和能力,检查教学效果,以便改进教学。期末考试,除了复习、巩固和检查一个学期的教学内容和教学效果外,还有决定学生升留级的问题。要通过各科的考试,看看学生对于每一门学科学得怎么样,不及格的话,将影响该生的升级。毕业考试(不论是小学、初中毕业考试还是高中毕业会考)是对整个学习阶段的回顾和检查,要按照教学大纲的要求,衡量学生是否达到毕业的程度。毕业考试的试题,其教育目标覆盖面要广,它着重在考查学生对整个学习阶段的教学内容的掌握。升学考试,是对前一阶段学习的回顾、检查,还要加上对后一阶段学习的展望,即要考查学生是否具有进入高一级学校学习必备的能力,考生的这种进一步学习的“学”能达到了什么水平。这样在编制试卷时,就要照顾到这一部分的内容,编进一些测验学习能力的试题。

(2)拟定编题计划

在确定某次测试的目的之后,要拟定一个编题计划。这个计划的内容包括:①测试的方式是什么?②测试时间多长?③要考哪些知识的能力?各类知识和能力的比重如何?④试卷包括几部分?各部分的比例如何？⑤采用何种类型的题目？需要多少题目？⑥用什么方法计分？

编题计划的主要部分，可以制成一个双向细目表。细目表显示出该次测试所测量的知识和能力，以及每一项知识、能力的相对比例。以语文科的测试为例，假如是阶段性的、比较大型的考试，从全面来看，要测试的内容，包括语文知识、阅读、写作三个方面。语文科要考的能力也是这几个方面的运用能力。美国心理学家布卢姆曾经提出教育目标分类学，他把人的认知活动领域分为知识、领会、运用、分析、综合、评价六个层次，结合我们语文教学的实际，我们也把中学生的语文能力分为六个层次，叫作记忆、理解、应用、分析、综合、评价。根据语文测试的内容和语文能力的层次，下面是一个假想的语文测试细目表（表8-1），供大家参考。

表8-1　语文测试细目表

<table>
<tr><td colspan="2"></td><td>记忆</td><td>理解</td><td>应用</td><td>分析</td><td>综合</td><td>评价</td><td colspan="2">总计</td></tr>
<tr><td colspan="2">语文知识</td><td>5</td><td>10</td><td>15</td><td></td><td></td><td></td><td colspan="2">30</td></tr>
<tr><td rowspan="2">阅读</td><td>现代文</td><td></td><td>10</td><td></td><td>5</td><td>5</td><td>5</td><td>25</td><td rowspan="2">40</td></tr>
<tr><td>文言文</td><td></td><td>15</td><td></td><td></td><td></td><td></td><td>15</td></tr>
<tr><td>写作</td><td></td><td></td><td>5</td><td></td><td></td><td>25</td><td></td><td colspan="2">30</td></tr>
<tr><td>总计</td><td></td><td>5</td><td>40</td><td>15</td><td>5</td><td>30</td><td>5</td><td colspan="2">100</td></tr>
</table>

细目表中的数字，表示各个项目所占的百分比。假如是用百分制记分，这些数字也就是各个项目所占的分数。

这只是一个粗略的编题计划表。在具体实施测试的时候还可以根据不同的目的和内容，把各个项目分解得更细一些。比如语文知识一项，可以分为现代汉语知识、文学知识、文体知识、写作知识、文言文知识、工具书使用知识等项。其中现代汉语知识一项，还可以再分为语言、文字、词汇、语法、修辞等细目。至于能力的层次划分，也不一定照这个，还很需要进一步研究。语文科的测试也不是每一次都做全面的考查，可以在不同时候侧重于某一方面。有时只考语文知识，有时只考写作，有时专考阅读，这要看具体情况而定。总之，双向细目表一是规定了试题所包含的测试内容，二是规定了各项内容所占的比例。

（3）编拟题目

有了编题计划，就可以按照细目表中的规定进行编拟题目。编拟题目要注意以下几方面。

第一,题的内容范围要和双向细目表相符。要拟出能考查各项内容、各项能力目标的题目。

第二,目的形式要灵活多样。编题计划没有规定题目采用何种形式,通常是客观题、主观题并用。不管是客观题还是主观题,都要编出多种形式的题目。

第三,目的数量要比该次测试所需要的题数多一些。最初编拟题目的时候,所出的题数多一些,可供编制试卷的时候选用。遇上比较大规模的考试,如毕业考、升学考等,还要编复卷(即副题),那就需要多于试题数一倍的题目。平时学校里的测试,编多一些题目,还可以供下一次学生补考时使用。

第四,目的难度必须符合考试目的需要。在编题计划里,只限定了测试的知识范围和能力层次,对于题目的难易程度,没有作任何限定,一份试卷的题目的难度还要靠拟题和选题的人来掌握。我们在扣题目的时候,就要根据考试目的需要,使题目达到一定的难度。

第五,题目中的说明语言必须清楚、明白、没有歧义。编拟题目是一门技术。不论什么类型的题目,不论是口头的还是书面的,题目的说明语言都必须使考生容易明白,懂得这类题目的要求是什么。假如题目的说明语言含混、模棱两可,甚至易产生歧义,考生误会了题目的意思,就会造成人为的不必要的测试误差,降低测试的质量。

(4)拼配试卷

拼配试卷首先是挑选题目,从编好了的符合要求的题目中,按照编题计划的双向细目表的规定逐类挑选。一份试卷的题数究竟多少才合适?题目太少了,学生很快就做完,题目太多了,多数学生做不完,都不合适。有人研究了一个题数的标准,叫做两个百分之七十五。即:75%的人能答完全部题目,所有的人都能答完75%的题目。这个标准,在水平考试中比较合适。学校里的成绩测试,以这个标准要求,嫌低了一些。

题目选好之后,如何排列?可以先把题目按照不同的内容归类。归类之后,再按先易后难的原则把题目排列好。一份试卷的开头两道题,通常是大多数学生都会做的,是热身题,安定情绪的题。以后逐渐加大难度。

(5)拟定标准答案和评分标准

编制试卷和试题的同时,要拟定标准答案和评分标准。客观性的题目,正确的答案应是确定无疑的,不能够这样也对那样也对。每一题所占的分数也应是固定不变的。主观性题目的答案,对论述题和简答题,应拟出答案要点;对作文题,不可能有完整答案,但是要有比较具体的要求。主观性题目的评分标准,要努力分得细致一些,定出评分的细则,才能尽量缩小评分误差。测试的评分,有百分制,五级记分制,还有人分优、良、及格、不及格四级,有人分A、B、C、D、E五等。采用哪一种记分制,就要定出哪一种的评分标准。

(6)复核

试卷及标准答案、评分标准都编制完成之后,要进行复核。首先是编制者自己认真复核。要查对有关教材,斟酌字句,避免在试卷的文字上出现知识性的差错;要再次将试卷内容与双向细目表逐项对照,看看在考试范围、考试项目、各项比重上是否与细目表的规定相符,看看这样的试卷学生测试是否能达到测试的目的。其次是请旁人复核。自己任课班级的课堂上的小测验卷,可以请同年级的另一位同科的老师复核。年级的某一科的统考卷,要经过年级的同科老师讨论,经年级科组长复核。毕业会考、升学考试的试卷,应聘请有关的专家审核。中学阶段的一般的测试试卷编制,大概是经过以上的程序。当然,全国性的,大规模的统一考试,按照科学化、标准化的要求,试题并不是当年才编制。考试的题目,是由考试机关的人员在平时就出好了的。平时编好了的题目,要经过试测,好的题目做成卡片存入题库。经过多年的积累,题库里存有大量的符合各项标准的题目。当有关部门决定进行某次考试之后,先制定和公布考试大纲,制定编题计划,然后按照细目表的要求,在题库中抽出相应的题目来,再按要求拼配成试卷。我们平时学校里的小规模测试,要求可以稍低一些。

2.试题的编制技术

试题根据评分是否客观,分为主观性题目和客观性题目两类。

主观性题目又称自由答题。测试中的口试题目以及笔试的论述题、作文题,属于主观性题目。主观性题目没有单一的标准答案,考试成绩需要由专门的阅卷人员凭他的主观认识来评定。

客观性题目，有选择题、是非题、填空题、连接题、排列题等。客观性题目有单一的标准答案，评分标准客观。有的客观题可以用机器阅卷，不能用机器阅卷的题目，即使由人工评卷，也因为有客观的标准答案和评分标准而简单易行。客观性题目不只是选择题。因为选择题能代表其他题型具有其他题型的长处，又能用机器评分，而其他填空、连接等题目尚不能用机器评分。所以，在大规模考试中，既然要采用客观题，就最好都用选择题。

试题的编制要注意什么，在上面已经有阐述，这里不再重复。题中最难编制的是选择题。这里就来谈谈怎样出选择题。选择题的结构，有题干和选项两部分。题干可以是一个完整的陈述句，或者是一个不完整的陈述句，也可以是一个疑问句。题干还可以包括解题需要的整段整篇的文字，选项包含一个正确答案和若干个错误答案。例如，指出表示被动意义的一个句子：A 失信于天下；B 而戮相如于市；C 一胜而相如族；D 十万众压邯郸。

这道题的题干是个陈述句。这个题干可以写成“下列句子中表示被动意义的句子是_______?”这样一个不完整的句子也可以写成：“下列句子中哪一个是表示被动意义的句子?”变成疑问句。

这道题的选项有4项，其中一项是正确答案(C项)，其余三项是错误答案。选项的多少，没有硬性规定。但是选项少了，会降低题目的难度，且考生偶然答对的机会多，测量误差会加大；选项多于4项，甚至更多一些，迷惑性可以加大，但是出题很困难。因此，目前考试的选择题，多数是出四个选择项。

选择题的题型从不同的角度来看有不同的分类。

从选项中正确答案的多少来分，有单项选择题和多项选择题两类。

单项选择题按照题意要求，只有一个正确选项。这个正确的选项，可能是一个从正面阐述的答案，或者是一个从反面阐述的答案，也可能是放在最后一项，来个全盘否定，写着：“以上各项都不对。”

多项选择题是一道题的选项中，按照题意要求有两个以上的选项是正确的答案，要求考生把所有的正确选项都选出来。多项选择题的选项总数比较多，通常有七、八项。多项选择题评分，通常采用选对了得分，选错了倒扣分的办法，考生得分并不容易。

从选项的表达形式来分，有文字选择题，数码选择题，表格选择题，图形选择题等几类。大量的选择题的选项是用文字表达。

选择题不论选项多少，不论其表达形式是什么，都要求考生把错误的或者不是最合题意的选项否定排除，把正确的答案选出来。选择的过程是个思考的过程。从考生解题的思路来分，常用的选择题有下面几类。

(1)最佳选择题

这种题型的所有选项都在不同程度上接近题意，非正确答案的那几个选项，也没有明显的错误。解题时要经过细致的比较、鉴别，把最切合题意的，也就是最佳的那一项选出来。最佳选择题因为选项之间的意思很接近，出题就有更大的困难，出得不好，选项中有的项目意思重复，可能造成正确答案不唯一。

(2)配伍选择题

这种题型是从“连接题”转化而来的。题干里分两组列出若干项目，要求考生一对一对地配搭好。

(3)分类选择题

分类选择题的题干中提供较多的材料，要求按照一定的标准进行分类、组合，然后选答。

(4)排列选择题

排列选择题是在题干中提供一段被搅乱次序的文字，要求考生依据时间、大小或其他原则，重新排列这段文字的内部次序，然后挑选正确答案。

(5)阅读选择题

这是一种特殊的题型，它是先提供一篇或一段阅读材料，然后就这些材料出若干道选择题。考生必须在阅读该段材料之后才能解题。

选择题还有类推选择题、改错选择题、填空选择题、组合选择题、因果选择题等类型，这里不一一详述。

有人认为选择题是一种简单的题目，出题时只要拟出几个选项，其中一项是正确答案，其他几项都是错的就可以了。这种认识不对。编制选择题是一件复杂的劳动，它的编制要领是：①每道题在内容上只能围绕一个中心。②题干应当包含解题所必需的共同要素。③选项的语言要简短。必要的叙述或相同的修饰语，应全部置于题干之中。④各个选项在形式上要协调一致。或为文字,或为图形,或为数码,都要统一。正确答案项在形式上不应特殊,如句子特别长或特别短。⑤每题只有一个正确答案。单项选择题只有一个正确选项,多项选择题有多个正确选项。无论多少,正确答案必须唯一。⑥选项中的错误项,必须具有迷惑性、干扰性,不能错得太明显。

3.成绩的评定和分析

试卷编制完成之后,就要进行施测。施测本身并不是测试的目的,施测之后的成绩评定与结果分析,才能为达到测试目的提供依据。能否控制测试的误差,在很大程度上取决于成绩的评定。试卷编得很好,但评卷不得法,将导致前功尽弃。下面谈谈笔试的评卷方法。

(1)先看客观题的评卷

对客观题的答案评定只有对与错之分,容易判断。常用以下几种方法。

第一,电脑评卷大规模的考试,用人工评卷费时、费力、费钱,又难以控制评分误差,最好是用电脑评卷。用电脑评卷的考试,必须在试题卷之外,另有一张卡片式的答题卷。考生的答案做在答题卷上。评卷时将这张答题卷卡送进阅卷机,马上就能在荧光屏上显示出分数来。高速光学阅读机能达到每分钟阅读300张考卷的速度。

第二,使用评分卡评卷。当没有电脑可用的时候,为了使阅卷迅速、准确,可以根据标准答案制作评分卡。评分卡的制作,可以取答题卷一张,将各题的正确答案的地方,用打孔器打个圆孔。评卷时,将这个评分卡与考生的答题卷对齐覆盖。透过圆孔,看考生有没有选择正确的选项。很简单,涂黑了的是正确的,仍然空白的便是错误。

以上方法目前只能用于选择题的评分。

第三,人工评卷。这是传统的方法。评卷人将学生的试卷一题一题地与标准答案对照,然后按评分标准给分。客观题因为答案单一,人工评卷比较容易。但是人脑有疲倦的时候,有注意力不集中的时候,一时疏忽,免不了出差错。当然,小规模的测试,班级的课堂测试,还是多采用人工评卷的方法。

(2)再看主观题的评卷

主观题的评卷,要靠评卷人的判断给分。评分标准的具体化、微格化，可以帮助评卷者克服主观性。但是它还是避免不了由于种种主观因素带来的评分的误差。为了控制误差，通常采用下列的方法。

第一，分题流水作业法：评卷者每人负责评试卷中的一个题目或一组题目，一份卷子中的题目由不同的人评分，最后才加总分。这样做，专人专题，评卷人对所负责的题目比较熟悉，对标准答案、评分标准等掌握得较好，又便于把不同卷子的答案做比较，评分就接近准确，效率也会比较高。假如某位评卷者评分稍宽或稍严，对于考生来说，也是机会均等。而且，对于防止评阅中的作弊（给人情分或故意压分）也有好处。

第二，除头去尾平均法：当卷子比较少，又是作文题或论述题的时候，可以采用这种方法。这种方法是几个人共同评一份试卷，各自评分，然后把几个人的评分中的最高分和最低分除去，把中间的几个分数平均，这个平均数就是这份卷子的得分。这种评分方法，能取长补短，所得分数较接近真实分数，当然有很大的好处。不过，在考生众多的班级考试及更大规模的考试中是难以采用的。

测试过后，面对一大堆试卷和分数，该怎样分析、总结呢？一般的做法，只是把考生的成绩通知考生（有的要通知家长），或者再算出某个学科的平均分，使考生知道自己的分数和平均分的距离。其实，考试的分析总结工作不只是这一些。测试的结果分析工作，主要是对分数的组合与解释。一次测试之后，考生所得到的分数，有时可以直接作为达到某种目的依据，但在很多时候，还需要做进一步的组合。学校里语文科的测试，期末考试分数要和平时分数组合，得个总评分数；升学考试的语文科分数要和其他科目的分数组合，得个考试总分，然后按总分决定录取与否。

以语文科的学期成绩总评为例，以100分为满分，一般可以这样进行组合：期末考试成绩占70%，平时成绩占30%。这个平时成绩，包括作文成绩、其他练习成绩、各阶段测验成绩等。对于平时成绩，可以用积分法计分。能否这样设想，为了记分方便，先把平时成绩的占30%的30分，扩大十倍，为300分。其中作文占150分，其他练习占50分，测验占100分。各种项目的分数都依比例次数分摊。一个学生，他每次的作文、练习、测验的成绩，就按这不同的满分标准给分，积累起来，成为他的平时成绩。假如学生A的平时成绩加起来有240分，那么在总评时，再把它缩小十倍，为24分。学生A的期末考试成绩，假如是得90分，按70%计算，为63分，这样，加上他的平时分24分，他的学期总评成绩就是87分。学生通常不以知道自己的分数为满足，还要知道自己在班里是第几名，知道自己的分数和全班的平均分比较，是高多少或者低多少。这样，就还要算出班级的平均分，要把学生的成绩名次排一排。

对于测试分数的组合，在学校里一般就做上面这些工作。目前我国的中等、高等学校的招生考试，对于考生的分数，也只是用各科分数求算术和，然后以这个总分进行排队并录取。这种组合分数的方式虽然简便，但越来越多的人发现，它存在某些不合理因素。其中最典型的是高考。无论什么高等学校，无论哪种专业，一律用各科成绩的累加总分作为录取依据。这样，有些考生虽然以高分被录取，而进入高校之后并不适应该专业的学习。为了克服上述毛病，高考中的某些科目的评分，采取了增加总分(即“加权”)的办法。如数学科、语文科的总分加到120分，就是这个原因。

对于分数进行合理的组合，并没有最后达到测试的目的。要真正达到测试的目的，必须使考试分数能够被正确地解释。应该知道，由试卷直接得到的分数叫原始分数。原始分数本身并没有明确的意义。例如一个学生的某次测试得90分，这个90分是高分还是低分，没有一个参照点进行比较，做不出任何解释，也不具有什么意义。又如某考生语文80分，数学90分，单凭这两个原始分数，既看不出该生的水平高低，也不能确定他哪门功课学得更好。为了使分数能反映出考生水平，同时使不同学科的分数也能比较，必须把原始分数转化为具有一定参考点和单位的某一尺度上的值。这种转化后的分数叫导出分数。通过导出分数就可以对考试成绩做出有意义的解释。

常模参考分数是最常见的导出分数。要算出常模参考分数，必须建立常模，即一个标准参照点。建立常模之后，便可以算出每个考生的标准分数，也就可以表示出个人在团体中的位置。至于如何建立常模，如何算出标准分数，涉及教育测量的复杂问题，这里暂不作说明。

除了进行分数的组合和解释之外，根据测试的目的，还要进行一些分析、总结工作。诸如分析试卷与试题的质量，分析学生的学习情况，检查教师的教学质量，从中总结成绩、找出问题、明确努力方向等。学校里各科的期中考试、期末考试之后，要特别注意对学生学习情况、教学质量的分析，以便进一步改进教学，促使学生努力学习，取得更好的成绩。

## 第二节 现代课堂教学评价艺术

当前，我国新一轮基础教育课程改革正在全面推进，新课程实施是项复杂的工程，教学体系全方位的更新和整体联动，其中课堂教学评价是新课程能否顺利实施并取得成效的关键因素之一，也是新课程实施重要的切入点。

### 一、课堂教学评价艺术的类型

从不同的角度可以对教师课堂教学评价进行不同的分类，这里主要介绍几种主要的评价类型。

#### （一）奖惩性评价和发展性评价

按评价目的可以将教师课堂教学的评价分为奖惩性评价和发展性评价。奖惩性评价的目的是根据评价的结果对教师进行奖惩，它将课堂教学评价的结果与教师的奖惩相结合，并以此作为教师晋级、嘉奖、降级、解聘等的依据。这种评价是目前我国教育领域中运用较多的评价方式，存在一定的弊端，如参评教师过分注重被评课的质量而不是整个教育教学的质量，出现中评不中用的现象，此外还会出现难以调动广大教师积极性等问题。

发展性评价的目的则是期望通过对教师的课堂教学进行点评、讨论、反思，让被评教师的教学技能和水平得到提高，评价结果不与奖惩挂钩，而是为教师之间相互交流、发现各自的优缺点提供机会，为制订教师发展的目标和对策提供依据。

#### （二）外部评价和内部评价

按评价主体可以将教师课堂教学的评价分为外部评价和内部评价，这种分类方法以评价者是否参与课堂教学活动为依据。外部评价是指由教育行政主管部门的人员，如教研员、评价专家、学校领导、教务人员以及教师同行等不参与课堂教学活动的评价者对教师的课堂教学进行的评价；内部评价则是由直接从事课堂教学活动的教师本人和学生群体所进行的评价。

无论是外部评价还是内部评价，在评价的过程中都要遵循一定的评价标准，不过不同评价主体的评价标准可能会有所不同，如同行更多地会从学科的角度对课堂教学提出要求，学校领导则会从学校管理角度提出要求，教师本人则会从自我教学风格方面进行评述，而学生则可能从教学内容的多寡和教学中的情绪反应等方面进行评价。

### （三）现场观察评价

现场观察评价是评价者进入课堂，实时实地听教师讲课并及时进行评价的方法，这种评价方法在实际运用过程中通常表现为随堂听课、评课。这种评价的优点在于其资料的收集方法具有很强的时效性，而且能够对各种临时发生的情况进行评价，对教师的教学激情和学生的参与积极性有较深的体会。缺点在于评价结果会受到评价者注意力分散和记录速度等的限制，而且评价者的出现通常会让被评教师和学生在心理和行为上受到一定影响。

### （四）监视监听评价

监视监听评价是利用单向玻璃或摄像设备进行的实时课堂评价。这种评价方法的优点在于评价者不直接进入课堂，这样可以在很大程度上避免给师生带来压力，使获取的信息更加真实。缺点在于可能会受到观察角度等的影响，无法全面了解整个课堂的情况。

### （五）录像评价

录像评价是利用录像将教师的教学过程和学生的活动记录下来，进行课后的评价和分析。其优点在于可以多人反复观看和讨论，在评价的过程中也可以让被评教师参与讨论，从而使得整个评价资料更为全面、客观、准确。而且还可以将不同教师的教学录像进行对比，或者将同一个教师的教学录像进行对比，分析教师教学的进步情况。在录像评价中，录像通常只是一种评价资料的收集手段，对录像进行数据的编码、分析和评价会派生出不同的录像评价分析技术。

### （六）量表评价

量表评价是采用事先编制好的评价量表，由教师和学生根据他们对教学过程和效果的主观印象进行回答。这种评价方法的关键是评价量表的编制，它有时也被称为问卷评价法。问卷评价是目前进行课堂教学评价最主要的方式，也是实践中应用最广泛的一种方式。①

## 二、课堂教学评价艺术的原则

课堂教学评价的原则主要体现在以下几个方面。

### （一）发展性原则

发展性原则主要包括两个方面的内容。第一，有利于学生的发展。课堂教学评价的基本目标之一就是通过切实的评价与诊断，帮助教师积极自主地构建和应用新的教学策略，不断调整教学的组织方法与过程，从而促进学生在认知、情感等方面的全面发展。第二，有利于教师的专业发展。课堂教学评价的重点是关注教师的课堂教学过程，而这个过程的效率和师生间的互动交流直接关系着教学目标的完成。因此，评价时需要考虑的是如何通过评价来进一步提高课堂教学的效率，找到课堂教学中还需要改进的地方，而不仅仅是评判教师的教学过程现状。同时现代教学评价强调，课堂教学评价的主体之一就是教师自己，课堂教学评价本身也应该是教师对课堂教学过程与行为的批判性反思，是教师与同行、专家交流与分享的过程，因此，通过课堂教学评价能有效地促进教师的专业发展。

### （二）主体性原则

主体性原则是指在课堂教学评价中评价的对象和评价的内容要体现的一个原则。在评价的对象上，主体性原则是指被评价对象对评价活动和过程的参与，包括评价指标的建立、评价方法的采用、评价过程的实施等都要有教师的参与；在评价的内容上主体性原则是指评价中要体现互动和学生的发展，即评价的一个重要内容就是学生是否积极参与师生间的互动。学生在课堂教学中的互动通常表现在以下几个方面。

第一，在学习过程中有情感投入，学习成了一种内在的动力和需要，在课堂学习中获得成长的体验。

---

①邹尚智．课堂教学技能名师经验[M]．天津：天津教育出版社，2018.

第二，学会合作，通过各种形式的教学活动，学会接纳、赞赏、争辩、互助。

**（三）效益性原则**

效益性是指在单位时间内所取得的教学成果与所付出的物质代价和精神代价的比率。这通常是评价课堂教学中教学活动适宜性的一个重要标准，课堂教学活动本身是为了完成相应的课堂教学目标，每一个教学环节和相应的教学活动都是为了达到这个教学目标而存在的。不同的教学处理，其效果和效率是不一样的。因此，某些教学活动和教学环节是否恰当，效益性就成为一个非常重要的判断标准。这既是教师创造性发挥的体现，同时也是通过课堂教学评价提高教学效率的重要方法，它的实现才能真正达到发展性评价的目的。

**（四）艺术性原则**

教学是一门技术，更是一门艺术，这是被一致公认的原则，但教学艺术本身也是课堂教学评价最难以把握的一个内容。应该说教学艺术体现了教学的生命力之所在，它是教师素质的综合体现，不仅体现在教师的授课能力之中，也体现在课堂教学的各个环节之中。其中，教师的语言表达能力及体态语的表现力尤为重要。语言表达不仅要准确、清晰、简练，还要具有感染力。就课堂教学的环节而言，教学艺术包括导入艺术、介绍艺术、提问艺术等，每个环节的组织都能体现教师的教学功底。而评价过程中对教学艺术性的评价也主要体现在对教师素质和教学过程的评价上。

**（五）过程性原则**

过程性原则包括两个方面。

第一，评价针对的是课堂教学的过程，即课堂教学评价本身直接针对的是课堂教学活动及其历程，在这个过程中，应结合课堂教学的目标来评价课堂教学的效率。在主流的课堂教学评价中，通常主要针对课堂教学的几个基本结构和环节来进行评价。

第二，它是与发展性原则相生相伴的一个原则。评价既要体现教师教学经验的发展过程，又要体现学生学习经验的发展过程，它不是用某一事件评定某一结果，而是要体现个体发展的连续性。为了真正发挥评价的教学作用，我们把教师和学生的个体成长与进步都放在同等重要的位置，教师要不断地对自己的教学思想、教学态度和教学行为进行分析和反思，对评价资料进行细心收集、整理与分析。因此，我们应注重评价对教与学的反馈与激励作用，建立校长、教师、学生、家长共同参与的评价制度，给予教师恰当的帮助和指导，鼓励教师与时俱进，教学相长，不断更新知识，提高教学与教育科研能力，提高教学实效。

### （六）全面性原则

课堂教学评价应注重学生综合素质的考查，不仅关注学业成绩，而且关注学生创新、探究、合作与实践能力的发展以及良好的心理素质、学习兴趣与积极情感体验等方面的发展。

### （七）创造性原则

培养学生创新精神和实践能力是课堂教学的一项重要任务，通过评价激励师生的主观能动性、创造性。教师能创造性地使用教材，能对教材进行加工，使其适合自己的学生，而不是照本宣科。激励学生能够大胆质疑、大胆猜想，敢于逾越常规，从不同角度寻找解决问题的方法，培养学生思维的独立性、深刻性、批判性、敏捷性和灵活性。

### （八）交流性原则

教师要创设平等、轻松、民主、和谐、安全的课堂环境。当学生对教师、教材提出质疑时，无人讥讽、嘲笑；当学生标新立异或取得成功时，大家都诚挚祝贺，热情鼓励。

## 三、课堂教学评价艺术的功能

课堂教学评价的目的不仅仅是对教师的课堂教学进行评价，更是为了激励教师有目的性、有针对性地不断学习、改进、提高。简要地说，开展课堂教学评价具有以下重要功能。

### （一）课堂教学评价具有导向功能，能够促进课堂教学改革

课堂教学评价体系的建立和实施，可以充分发挥评价的导向作用，促进教师尽快转变教育思想，在课堂教学中更好地发挥教师的教育创新意识，达到改进课堂教学的目的。评价体系的建立，意味着对课堂教学中教和学相关的各种因素的选择和侧重点不一样，这些不一样的地方将促

使教师在今后的课堂教学中,更加注重评价所侧重的各种相关因素,并将其作为课堂教学中展示和发挥的重点,发挥评价的导向功能。

**(二)课堂教学评价具有激励功能,可以加强教师之间的相互交流**

课堂教学评价能够有效地评析教师课堂教学的状况和优缺点,只有让教师了解了自己在课堂教学实践中的优点、亮点、特点和弱点,才能找到今后努力发展的基点和方向。课堂教学评价正是教师了解自己教学情况的一条关键途径。同时,课堂教学评价还可以使教师在相互之间的听课、评课活动中增进了解,互相学习,在听课、评课的交流中激发内在的需要和动力。

**(三)课堂教学评价是促进教师专业发展的重要途径**

对于教师而言,课堂教学水平和能力是教师立足的基点,如何有效提高教师的教学水平与能力是教师教育最重要的课题之一。课堂教学评价正好可以为广大教师提供一个科学了解自身教学状况的窗口,使其明了自己教学中存在的不足和今后努力的方向,为教师的专业发展提供一个很好的平台。针对目前新课程改革实施过程中存在的教师的适应性问题,课堂教学评价特别是发展性的课堂教学评价,正是保证新课堂顺利实施、促进教师专业发展的重要方法。

**(四)课堂教学评价具有决策和鉴定功能,是学校管理工作的重要组成部分**

课堂教学评价是教师工作评价的重要组成部分,也是学校评价体系的核心内容。通过开展科学有效的课堂教学评价,能够有效地鉴定教师的教学态度、教学质量、工作能力、业务水平等,使学校的管理工作更系统化,决策更科学化。

# 参考文献 / REFERENCES /


[1]边和平，刘薇．高校思想政治理论课教学理论与方法创新研究丛书 高校思想政治理论课教学艺术论[M]. 徐州：中国矿业大学出版社，2017.

[2]陈晓杰．初中语文课堂导入艺术研究[D]. 开封：河南大学，2015.

[3]范牡丹．现代课堂教学艺术[M]. 咸阳：西北农林科技大学出版社，2014.

[4]高书国．教育强国中国教育发展战略选择[M]. 广州：广东高等教育出版社，2018.

[5]关健，丁宏．以人为本与高校大学生思想政治教育实践创新．哈尔滨：黑龙江大学出版社，2015.

[6]郝保伟．以人为本奠基师生发展马芯兰人本教育思想研究[M]. 北京：教育科学出版社，2015.

[7]胡振芳．课堂教学思与行[M]. 北京：光明日报出版社，2018.

[8]李弘．澳门中学教育管理模式创新研究[D]. 武汉：华中科技大学，2017.

[9]李丽．课堂教学艺术新论[M]. 北京：现代出版社，2016.

[10]李如密．教学艺术论[M]. 北京：人民教育出版社，2011.

[11]刘飞鹏．张伯苓的教育管理思想与实践研究[D]. 广州：中山大学，2012.

[12]陆平．于永正语文教学艺术研究[M]. 福州：福建教育出版社，2018.

[13]罗曼．新功能主义视角下的教育管理观[J]. 太原城市职业技术学院学报，2015(05)：84-85，86.

[14]吕丽彤.《现代教育技术应用》翻转课堂教学行动研究[D]. 芜湖：

安徽师范大学,2016.
[15]邱茂凤.文化奠基育人为本在高中校长的岗位上[M].沈阳:东北大学出版社,2015.
[16]阮艳花,张春艳,于朝阳.教育管理理念与思维创新[M].汕头:汕头大学出版社,2019.
[17]汪建红,马锦绣.以学为中心的课堂教学研究[M].杭州:浙江大学出版社,2017.
[18]王永刚.人文关怀视域下的现代高校教育管理研究[J].学周刊A版,2015(16):18-19.
[19]魏献策.中学教育管理文化建设的原则与策略[J].科教导刊,2018(34):153-154.
[20]张晓峰,李英丽.课堂教学设计[M].合肥:安徽人民出版社,2012.
[21]张烨.成功课堂的教学准备及课堂设计分析[J].现代商贸工业,2019,40(18):175-176.
[22]赵敏.学校管理学[M].广州:广东高等教育出版社,2017.
[23]朱永新,汤敏,周洪宇.构建现代教育治理体系[M].太原:山西教育出版社,2017.
[24]邹尚智.课堂教学技能名师经验[M].天津:天津教育出版社,2018.